Danielle Spera & Ramazan Demir
Wenn nicht jetzt, wann dann?

**DANIELLE SPERA
& RAMAZAN DEMIR**

WENN NICHT JETZT, WANN' DANN?

Ein Gespräch über Judentum und Islam

Amalthea Verlag

Bleiben wir verbunden!

Besuchen Sie uns auf unserer Homepage **amalthea.at**
und abonnieren Sie unsere monatliche Verlagspost unter
amalthea.at/newsletter

Wenn Sie immer aktuell über unsere Autor:innen und
Neuerscheinungen informiert bleiben wollen, folgen
Sie uns auf Instagram oder Facebook unter
@amaltheaverlag

Sie möchten uns Feedback zu unseren Büchern geben?
Wir freuen uns auf Ihre Nachricht an **verlag@amalthea.at**

© 2024 by Amalthea Signum Verlag GmbH, Wien
Alle Rechte vorbehalten
Umschlaggestaltung: Anna Haerdtl, Bureau A/O
Umschlagfoto: © Stefan Knittel
Lektorat: Sina Will
Herstellung und Satz: VerlagsService Dietmar Schmitz, Erding
Gesetzt aus der 11,75/15,15 pt Kepler
Designed in Austria, printed in the EU
ISBN 978-3-99050-281-5

*»Abraham liebte beide seine Söhne.
Und er wurde von beiden zur Ruhe gebettet.«*
RABBINER JONATHAN SACKS (1948–2020)

Inhalt

Eine Jüdin und ein Muslim im Gespräch:
Ein gemeinsames Vorwort von
Danielle Spera und Ramazan Demir **8**

Näher als vermutet:
Vorwort von Oberrabbiner
Jaron Engelmayer **16**

Herausforderungen überwinden:
Vorwort von Imam Senad Kusur **22**

Was glauben Juden? **26**

Was glauben Muslime? **30**

Was glauben sowohl Juden als auch Muslime? **33**

Gespräch: Lernen wir einander kennen **34**

Synagoge **152**

Moschee **160**

Glossar **168**

Zeittafel: Judentum **176**

Zeittafel: Islam **184**

Literatur **188**

Bildnachweis **191**

Danksagung **192**

Eine Jüdin und ein Muslim im Gespräch: Ein gemeinsames Vorwort von **Danielle Spera** und **Ramazan Demir**

Judentum und Islam betonen die Bedeutung von guter Nachbarschaft und Dialog. In der Mischna, der mündlichen Überlieferung der hebräischen Bibel, gibt es die weisen »Sprüche der Väter«. Hier wurde ein wichtiger Ausspruch des berühmten Rabbiners Hillel festgehalten: »Wenn ich nicht für mich bin, wer ist für mich? Und solange ich (nur) für mich selbst bin, was bin ich? Und wenn nicht jetzt, wann dann?« Rabbiner Hillel, der zur Zeit von Jesus lebte, gilt in der jüdischen Geschichte als einer der prägendsten Lehrer des Judentums, dessen Sanftheit und Geduld sprichwörtlich geworden sind. Er lehrte die Nächstenliebe und Gewaltlosigkeit und hatte zahlreiche Schüler. »Wenn nicht jetzt, wann dann?« ist der Titel, den wir für dieses Buch gewählt haben. Das ist kein Zufall, denn es ist an der Zeit, dass sich Muslime und Juden tiefgründiger miteinander beschäftigen. Im Koran heißt es: »O ihr Menschen, Wir haben euch aus Mann und Frau erschaffen und euch zu Völkern und Stämmen gemacht, auf dass ihr einander kennenlernen möget.«

Juden und Muslime sind zwei religiöse Gemeinschaften, die eine bedeutende und historische Präsenz in Österreich haben. Das Judentum ist seit Jahrhunderten Teil der österreichischen Geschichte und aufs Engste mit ihr verwoben. Jüdinnen und Juden spielen seit jeher eine wichtige Rolle im kulturellen und gesellschaftlichen Leben Österreichs. Bis zum

»Anschluss« Österreichs an Nazideutschland im März 1938 gab es eine blühende jüdische Gemeinschaft, die einen wesentlichen Beitrag zu Kultur, Wissenschaft und Wirtschaft des Landes leistete. Durch die Shoah wurde die jüdische Gemeinde Österreichs zerstört. Von den 200 000 Jüdinnen und Juden wurden 65 000 ermordet, der Rest vertrieben. Nach dem Zweiten Weltkrieg entstand wieder eine kleine, aber lebendige jüdische Gemeinschaft. Heute sind etwa 8000 Jüdinnen und Juden in der Israelitischen Kultusgemeinde registriert.

Auch der Islam ist seit 150 Jahren in Österreich präsent, denn die ersten muslimischen Bevölkerungsgruppen kamen schon während der Zeit des Osmanischen Reiches in das Gebiet des heutigen Österreichs. Der Islam wurde bereits in der Monarchie in mehreren Stufen zur gesetzlich anerkannten Religion, der erste Schritt dazu erfolgte 1874. 1912 trat das Habsburger Islamgesetz in Kraft. Mit der formellen Annexion von Bosnien-Herzegowina 1908 war die Anzahl der Muslime in der damaligen Habsburgermonarchie auf fast eine Million angestiegen. Juden und Muslime dienten in der k. u. k. Armee, in der Leibgarde des Kaisers, Rabbiner und Imame taten als Militärseelsorger Dienst und ihre Militärverpflegung entsprach den Speisegesetzen. In den letzten Jahrzehnten ist die muslimische Gemeinde durch Zuwanderung stark gewachsen. Eine größere Präsenz entstand erst in der

Eine Jüdin und ein Muslim im Gespräch:
Ein gemeinsames Vorwort von
Danielle Spera und Ramazan Demir

zweiten Hälfte des 20. Jahrhunderts durch Gastarbeiter aus der Türkei und dem ehemaligen Jugoslawien, die in den 1960er- und 1970er-Jahren nach Österreich kamen. Heute leben schätzungsweise rund 900 000 Muslime in Österreich, etwa zehn Prozent der Gesamtbevölkerung. Die größten Gruppen sind türkischer und bosnischer Abstammung.

Das Zusammenleben von Muslimen und Juden in Österreich ist, wie in vielen anderen Teilen der Welt, von gegenseitigem Respekt, aber auch von Herausforderungen geprägt. Antisemitismus und Islamfeindlichkeit sind auch in Österreich immer noch Realität. Beide Gemeinschaften sehen sich mit Vorurteilen und Diskriminierung konfrontiert. Vor allem sorgt die

Randgruppe der islamischen Extremisten, die medial immer wieder im Vordergrund steht, für Verunsicherung und löst bei vielen Menschen Angst aus. Hierbei bleibt meist unbeachtet, dass die Mehrheit der Muslime die Vereinbarkeit einer Identität als muslimisch und österreichisch für selbstverständlich hält. Die Europäische Imamekonferenz von 2003 hielt in der damaligen Kulturhauptstadt Graz eindeutig die Kompatibilität von Islam mit den Werten von Demokratie, Rechtsstaatlichkeit, Pluralismus und Menschenrechten fest. Wir leben in Österreich in einer Gesellschaft, in der gegenseitiger Respekt, Gerechtigkeit, Solidarität, Chancengleichheit und gesellschaftlicher Zusammenhalt einen hohen Stellenwert haben.

Aus diesem Grund setzen wir uns für ein besseres Verständnis zwischen den verschiedenen Gruppen ein, um ein friedliches und harmonisches Zusammenleben zu fördern. Hier gilt es vor allem, einander kennenzulernen. Viele Menschen sprechen über den Islam oder über das Judentum, ohne sich je damit beschäftigt zu haben. Wir möchten versuchen, durch Gespräche über die Geschichte unserer Religion, unsere Riten und Gebräuche voneinander zu lernen, ohne aber auch die heiklen Themen unserer Tage und der Politik auszuklammern. Jüdinnen und Juden, Musliminnen und Muslime – noch zu einem vielfach größeren Teil – sind integrale Bestandteile der österreichischen Gesellschaft. An dieser Stelle möchten

Eine Jüdin und ein Muslim im Gespräch: Ein gemeinsames Vorwort von Danielle Spera und Ramazan Demir

wir uns ganz herzlich beim Oberrabbiner der Israelitischen Kultusgemeinde Wien Jaron Engelmayer und bei Senad Kusur, dem Hauptimam der bosniakischen Kultusgemeinde in Österreich, für ihre Vorworte bedanken.

Wann, wenn nicht jetzt ist die beste Zeit aufeinander zuzugehen, einander zuzuhören und dadurch auch Inspiration für ein gelungenes Miteinander zu finden? Wir haben in den vergangenen Monaten viel voneinander gelernt, hoffen, Ihnen auf diesem Weg auch viele Anregungen mitzugeben und wünschen Ihnen eine interessante und wertvolle Lektüre.

Näher als vermutet:
Vorwort von
**Oberrabbiner
Jaron Engelmayer**

Ein Rabbiner, ein Pfarrer und ein Imam treffen sich in einer Bar … – dies ist heutzutage längst nicht mehr nur der Beginn eines Witzes, sondern real gelebter Austausch zwischen den Religionen, in gegenseitigem Respekt und gewachsenem Vertrauen.

Judentum und Islam – es mag einem oft so vorkommen, als ob ein tiefer Graben zwischen diesen beiden Religionen liegt. In Wirklichkeit wird beim genaueren Hinsehen jedoch deutlich, dass sie durchaus sehr viel verbindet, theologisch betrachtet in mancher Hinsicht sogar mehr als Christentum und Judentum, obschon alle drei Religionen mit ihren abrahamitischen Wurzeln an sich schon viele Gemeinsamkeiten aufweisen.

Durch das Aufkommen verschiedener monotheistischer Religionen sah sich Maimonides (1135–1204) im Hochmittelalter veranlasst, seine 13 Glaubensgrundsätze zu verfassen, um damit die theologisch-religiösen Grundlagen des Judentums aufgrund der jüdischen Tradition und Schriften klar zu definieren und die Unterschiede insbesondere zu den verwandten Religionen abzustecken. Diese, in drei Gruppen geteilt, befassen sich zunächst in den ersten fünf Glaubensgrundsätzen mit dem jüdischen G"ttesbild. Klar werden hier bereits Trennlinien zwischen Judentum und Christentum sichtbar, wie etwa mit der Feststellung, dass G"tt keinen Körper und nichts Körperähnliches hat, eine unteilbare Einheit darstellt, und nur dieses Wesen und außer Ihm kein anderes Wesen angebetet werden darf.

Mit all diesen Prinzipien sind Judentum und Islam konform, lehrt der Islam doch ebenfalls, dass es nur einen körperlosen und unteilbaren G"tt gibt und nur dieser und sonst niemand angebetet werden darf, auch nicht der menschliche Religionsbegründer Mohammed.

Die Unterschiede zum Islam werden erst in den folgenden Glaubensgrundsätzen hervorgehoben, welche formulieren, dass im Judentum Moses der größte Prophet ist und die Torah, die Lehre G"ttes, welche er überlieferte (bekannt als Fünf Bücher Mose), bis heute original und authentisch ist und durch keine andere Lehre je ersetzt werde. Demgegenüber sehen sowohl Christentum als auch Islam in ihren Religionsstiftern die letztgültige Instanz und deren Worte und Weisung als bindend.

Auch in den Religionsgesetzen und der Ausübung der Traditionen sind sich Judentum und Islam in manchen Dingen sehr ähnlich. Abgesehen von Grundzügen, welche in vielen Religionen zu finden sind, vor allem im zwischenmenschlichen Bereich wie die Wohltätigkeit – Unterstützung von Armen und Bedürftigen, Bewirtung von Gästen, Besuch Kranker, Beistand in schweren Zeiten etc. – ergeben sich zwischen Judentum und Islam interessante Parallelen insbesondere im rituellen Bereich.

Näher als vermutet: Vorwort von Oberrabbiner Jaron Engelmayer

So gibt es in beiden Religionen tägliche Gebete zu festen Tageszeiten, im Islam fünf, im Judentum an gewöhnlichen Wochentagen drei, nur einmal jährlich am Versöhnungstag fünf; das Pilgern zu einem zentralen Wallfahrtsort gehört zu den die Gläubigen verbindenden Elementen – im Islam nach Mekka, im Judentum zu Tempelzeiten nach Jerusalem; beide Religionen sehen in der Beschneidung ein zentrales und identitätsstiftendes praktisches Gebot für männliche Kinder, welches auf die g"ttliche Weisung an den Vorvater Abraham zurückzuführen ist; gewisse Kleidungsvorschriften existieren ebenfalls in beiden Religionen, ebenso wie Speisegesetze, welche beiden Religionen den Verzehr von manchen Tiersorten verbieten, wie etwa Schweinefleisch, oder den Verzehr erlaubter Tiere nur nach einer bestimmten Schlachtungsmethode zulässig machen. Natürlich sind alle diese Gebote nicht identisch, insbesondere nicht in ihren praktischen Details, aber parallele Grundzüge können klar erkannt werden.

Die beiden Religionen stehen sich also durchaus näher, als von manchen vermutet wird. Wir erinnern uns mit Nostalgie an das sogenannte Goldene Zeitalter im Spanien des Hochmittelalters, in welchem mit nur wenigen Zwischenfällen Juden und Muslime in gegenseitiger Achtung und Respekterweisung das Land bewohnten. In heutiger Zeit, vielleicht mehr denn je, sind wir gefordert, mit gegenseitiger Anerkennung und Respekt zusammen zu leben und damit den Frieden und die Harmonie zu fördern, insbesondere auch zu vermeiden, Konflikte anderer Regionen zu importieren und auf die Straßen (Universitäten etc.) Österreichs, Europas oder anderer Länder zu übertragen.

Das vorliegende Buch ist ein wunderbares Vorbild für den fruchtbaren Austausch und das Bestreben, sich gegenseitig vertiefter kennenzulernen, damit sich nicht nur Rabbiner, Pfarrer und Imame im religiösen Austausch treffen, und womit mentale Mauern und Vorurteile abgebaut und das friedliche Zusammenleben in gegenseitiger kultureller Bereicherung gefördert werden, wofür den geschätzten Autoren Dr. Danielle Spera und Hochschulprofessor Imam Ramazan Demir herzlich zu danken und zu gratulieren ist.

Herausforderungen überwinden: Vorwort von **Imam Senad Kusur**

Ein besonders wertvolles Beispiel, wenn es um die Begegnung zwischen Juden, Christen und Muslimen geht, stammt von einem engen Freund von mir, der in Indien einem religiös gebildeten Hindu die Gemeinsamkeiten und Unterschiede der abrahamitischen Religionen zu erläutern versuchte. Dabei stellte sich jedoch heraus, dass sein Gesprächspartner nicht nachvollziehen konnte, warum von drei verschiedenen Religionen die Rede ist, während im Hinduismus, trotz deutlich größerer innerer Unterschiede, immer nur von einer einzigen Religion gesprochen wird.

Durch dieses und ähnliche Beispiele wird uns bewusst, wie verwandt die drei abrahamitischen Religionen tatsächlich sind, wie viele Gemeinsamkeiten sich abzeichnen und wie sehr sie sich durch die Geschichte gegenseitig beeinflusst und bereichert haben.

Besonders das Judentum und der Islam zeigen ein verblüffend ähnliches Gottesbild, beide beziehen sich teilweise auf die gleichen Urväter und vermitteln sich in zwei sehr verwandten Sprachen der semitischen Sprachfamilie: Hebräisch und Arabisch.

Jüdische und muslimische Gelehrte haben über zahlreiche Epochen hinweg einen intensiven und produktiven Austausch miteinander gepflegt. Dieser Dialog hat nicht nur das Verständnis beider Religionen voneinander gefördert, sondern auch die Art und Weise, wie zentrale theologische und philosophische

Fragen innerhalb der jeweiligen Traditionen diskutiert wurden, nachhaltig geprägt. Ohne diese historischen Berührungspunkte wären viele Themen in beiden Religionen vermutlich anders behandelt worden. Insbesondere in der mittelalterlichen Blütezeit, etwa in Al-Andalus, beeinflussten Denker wie Maimonides und Averroes (Ibn Ruschd) ihre Zeitgenossen und spätere Generationen tiefgreifend, was zu einer wechselseitigen Bereicherung in Bereichen wie der Ethik, der Rechtslehre und der Philosophie führte. Diese intellektuelle Zusammenarbeit zeigt, wie eng verwoben die Entwicklung des jüdischen und islamischen Denkens in bestimmten Perioden war.

Juden und Muslime begegneten sich über Jahrhunderte hinweg nicht nur auf intellektueller Ebene, sondern auch im alltäglichen Leben. In Städten wie Córdoba, Istanbul, Kairo, Sarajevo oder Bagdad (um nur einige zu nennen) erblühte das jüdische Leben unter muslimischer Herrschaft, und es entwickelten sich enge Freundschaften und Nachbarschaften zwischen den Gemeinschaften. Diese Beziehungen bewährten sich oft auch in Zeiten von Verfolgung und Krisen, als Menschen bereit waren, große Risiken auf sich zu nehmen, um ihre Freunde zu schützen. Tausende von einfachen Menschen wurden zu stillen Heldinnen und Helden der Menschheitsgeschichte, indem sie ihr eigenes Leben und das ihrer Familien aufs Spiel setzten, um ihre Nachbarn vor dem Tod zu retten. Diese

Herausforderungen überwinden: Vorwort von Imam Senad Kusur

Beispiele menschlicher Solidarität zeugen von der tiefen Verbundenheit, die zwischen Juden und Muslimen immer bestanden hat.

Leider wurden die jüdisch-muslimischen Beziehungen in den vergangenen Jahrzehnten durch zahlreiche politische Umstände stark belastet, was den täuschenden Eindruck erweckt, dass beide Religionen unversöhnlich voneinander abgedriftet seien. Dabei darf man nicht außer Acht lassen, dass die lange Geschichte der friedlichen Koexistenz und des gegenseitigen Austauschs ebenso wie die zahlreichen Gemeinsamkeiten zwischen Judentum und Islam weiterhin das Potenzial besitzen, diese Herausforderungen zu überwinden. Gerade diese historische Verbundenheit und Nähe könnten der Schlüssel sein, um auch in der Gegenwart wieder Brücken zu bauen und neue Wege der Verständigung und des Zusammenlebens zu eröffnen.

Das vorliegende Buch von Danielle Spera und Ramazan Demir ruft dazu auf, den Blick auf das zu richten, was Judentum und Islam eint, und stellt die gemeinsamen Werte und Traditionen in den Vordergrund. Indem es an die historische Nähe und den produktiven Austausch der beiden Glaubensgemeinschaften erinnert, fordert es zugleich die menschliche Vernunft heraus, aus diesem reichen Potenzial neue Perspektiven für eine gemeinsame, friedliche Zukunft zu entwickeln.

Was glauben Juden?

Das Judentum ist eine der fünf großen Weltreligionen und die älteste monotheistische Religion.

Die wichtigste Schrift ist die Tora.

Das Judentum entstand vor etwa 3000 Jahren, als Gott den Bund mit Abraham schloss.

Auf der ganzen Welt leben circa 15 Millionen Jüdinnen und Juden, davon etwa sieben Millionen in Israel.

Auf dem Berg Sinai erhielt Moses von Gott die Zehn Gebote, sowie die 613 Gebote und Verbote (Mitzwot).

Jüdinnen und Juden sehen sich als Volk Gottes.

Das Judentum ist eine lebensbejahende Religion. Das wichtigste Gebot besteht darin, Leben zu erhalten und zu retten.

Nach orthodoxem jüdischem Gesetz ist Jude, wer eine jüdische Mutter hat.

Die Beschneidung der männlichen Nachkommen am achten Tag nach der Geburt besiegelt den Bund mit Gott.

Die jüdische Ethik ist ein zentraler Teil des Judentums, das Gebot der Nächstenliebe ist eine Verpflichtung.

Das Judentum ist keine missionarische Religion.

Unter der Herrschaft der Römer wurden die Juden vor 2000 Jahren aus Jerusalem und dem Land Israel vertrieben, das es seit 1948 wieder als Staat gibt.

Die Zehn Gebote sind die Grundlage des jüdischen Religionsgesetzes.

Jeder jüdische Feiertag beginnt am Vorabend des Festes, der Schabbat geht beispielsweise von Freitagabend bis Samstagabend.

Das Judentum hat einen eigenen Kalender, der 3761 Jahre vor dem christlichen Kalender beginnt.

Im Judentum gibt es kein Dogma und keinen Klerus, sondern viele verschiedene Strömungen mit verschiedenen Rabbinern und deren Auslegungen der Bibel.

Zu den religiösen Gesetzen gehört die Einhaltung der kosheren Speisegesetze und des wöchentlichen Ruhetags Schabbat.

An Feiertagen findet man sich zum Gebet in der Synagoge ein.

Die übers Jahr verteilten Feiertage erinnern meist an historische Ereignisse in der jüdischen Geschichte.

Muslime glauben, dass Muhammad der letzte Prophet Gottes ist.

Muslime glauben, dass der Islam seit Adam existiert.

Abraham, Moses und Jesus sind für Muslime Gottes Propheten.

Muslime glauben, dass es nur einen Gott gibt, der Allah genannt wird.

Muslime glauben an ein Leben nach dem Tod.

Muslime fasten im Monat Ramadan.

Muslime beten fünf Mal am Tag, an Freitagen und Festtagen.

Was glauben Muslime?

Der Koran ist im Zeitraum von 23 Jahren von Gott über den Engel Gabriel an Muhammad hinabgesandt worden.

Muslime gedenken beim Opferfest an die Gottergebenheit des Propheten Abrahams und seines Sohnes.

Die Kaaba in Mekka ist für Muslime die heiligste Stätte im Islam, wohin jeder Muslim einmal im Leben pilgern sollte.

Das Gebetshaus
der Muslime ist
die Moschee.

Freitag ist der Feiertag
der Muslime.

Jeder, der das islamische
Glaubensbekenntnis aus innerer Überzeugung ausspricht, ist ein Muslim.

Muslime glauben, dass
Gott der Allbarmherzige
und der Allgerechte ist.

Der Koran setzt viele
moralische Prinzipien
fest und unterstreicht,
Gutes zu tun und
Schlechtes zu
vermeiden.

Im Islam werden drei
heilige Stätten als
Pilgerstätten gesehen:
Die Kaaba in Mekka, die
Prophetenmoschee in
Medina und die Al Aksa
Moschee in Jerusalem.

Muslime sehen Juden
und Christen als »Ahlul
kitab«, Familie/Volk
der Schrift an.

Der erste Mensch und Prophet
im Islam ist Adam.

Im Koran werden zahlreiche
Prophetengeschichten
genannt.

Der Glaube an die
Engel ist einer der sechs
Glaubensgrundsätze
im Islam.

Juden und Muslime glauben
an denselben Gott, den Gott
Abrahams und Jakobs.

Judentum und Islam
sind monotheistische
Religionen.

Juden und Muslime
glauben an die
Auferstehung nach
dem Tod.

Im Gottesdienst werden
Gebete gesprochen und
Passagen aus den heiligen
Schriften verlesen.

Gemeinschaftliche
Gottesdienste werden
meist in Synagogen
und Moscheen
abgehalten.

Juden und Muslime
haben ähnliche
Speisevorschriften –
koscher und halal.

Muslime grüßen
mit Salam alaikum
und Juden mit
Shalom aleichem,
was die gleiche
Bedeutung hat: Friede
sei mit dir/euch.

Im Judentum und im
Islam ist Sexualität wäh-
rend der Menstruation
nicht erlaubt.

Im Judentum und im Islam ist
die Beschneidung der männlichen
Nachkommen verankert.

Muslime und Juden haben in Andalusien durch gemeinsame wissenschaftliche Erkenntnisse Europa vorangebracht.

Juden und Muslime kennen keinen Klerus.

Was glauben sowohl Juden als auch Muslime?

Rabbiner und Imame ähneln sich stark in ihrer Tätigkeitsausübung.

Sowohl die Tora als auch der Koran fokussieren sich auf moralische Prinzipien und ethische Wertevermittlung.

Gutes zu tun und Schlechtes zu vermeiden bildet den Kern des Judentums und des Islam.

Indem sie nach dem Wort Gottes leben, sollen Juden und Muslime Gerechtigkeit und Frieden auf der Welt anstreben.

Für Juden und Muslime ist Jerusalem ein besonderer Ort.

Juden und Muslime glauben an die Existenz der Engel.

Gespräch:
Lernen wir einander kennen

DANIELLE SPERA: Der Islam stellt viele Menschen, die nicht dieser Religion angehören, vor Herausforderungen. Viele Menschen haben Angst vor dem Islam, weil sie ihn als Bedrohung für die freien, westlichen Gesellschaften sehen. Wir tauchen jetzt gleich einmal in wesentliche Fragen ein: In westlichen Demokratien ist es geregelt, dass keine Religion über dem Gesetz stehen darf. Du vollziehst die Trennung zwischen Politik und Religion, das ist dein persönlicher Weg. Aber es kommt immer öfter zu einer Verschmelzung, gerade wenn man sich die gewalttätigen Formen des Islam anschaut.

RAMAZAN DEMIR: Es sind nicht die gewalttätigen Formen des Islam, es sind die gewalttätigen Muslime, die ihre Religion missbrauchen für ihre politischen Zwecke. Das Schreckliche hierbei ist, dass diese Extremisten im Namen des Islam agieren. Ich unterscheide immer zwischen Religion und Menschen, die dieser Religionen angehörigen. Sowohl in meiner Zeit als Gefängnisseelsorger als auch jetzt als Hochschuldozent und ehrenamtlicher Imam tue ich mein Bestes, um Aufklärungsarbeit zu leisten, um vor allem die Mehrheit der Muslime vor Extremismus zu schützen und gleichzeitig auch die extremistischen Ansichten unter der tatsächlich existierenden kleineren Gruppe von Muslimen zu deradikalisieren. Das habe ich bis dato jahrelang getan und das werde ich auch weiterhin tun, genauso wie viele meiner Kolleginnen und Kollegen in der seelsorgerischen und religionspädagogischen Arbeit. Wir tun das, weil unsere Religion es von uns verlangt, weil unsere Religion Frieden bedeutet. Der Islam ist Frieden, aber es gibt Muslime, die ihre Religion missbrauchen für ihre politischen Zwecke, für ihre Interessen oder Ideologien.

DANIELLE SPERA: Durch diese Gewalttäter entsteht aber der Eindruck, dass der Islam keine Religion des Friedens ist.

RAMAZAN DEMIR: Viele setzen sich mit dem Islam nicht auseinander – so sind nur die Gewalttaten der extremistischen Muslime in den Köpfen der Leser und Zuschauer vorhanden und werden sofort mit dem Islam assoziiert. Es wird selten zwischen Islam und individuellen Muslimen unterschieden. Zudem stehen Vorurteile vermehrt im Vordergrund, die zusätzlich durch Populisten in der Politik angeheizt werden. Wenn man tiefgründig analysiert, erkennt man, dass die größte Angst vor dem Islam dort vorhanden ist, wo keine Begegnung mit Muslimen stattfindet. Ich sehe die goldene Lösung im Dialog und im Aufeinanderzugehen. Also genau das, was wir gerade tun.

DANIELLE SPERA: Ich denke, dass wir nur weiterkommen, wenn wir miteinander sprechen und ver-

Gespräch:
Lernen wir einander kennen

suchen, einander kennenzulernen. Vermutlich haben aber auch viele Menschen Angst vor der großen Anzahl, die die Muslime weltweit darstellen: Es sind doch zwei Milliarden Menschen, in Österreich bald eine Million.

RAMAZAN DEMIR: Die globale Entwicklung hat auch in Österreich in den letzten Jahren dafür gesorgt, dass mit den Flüchtlingen die Zahl der Muslime in diesem Land gestiegen ist. Das ist eine gesamtgesellschaftliche Herausforderung. Ja, es gibt Extremisten unter Muslimen, aber wenn man die Gesamtheit der Muslime anschaut, ist das ein kleiner Bruchteil, ein Randphänomen. Es ist wichtig, diese Strömungen sehr ernst zu nehmen, ohne Wenn und Aber. Wir dürfen aber auch nicht denken, dass die Mehrheit der Muslime gewaltbereit ist. Im Islam gibt es so viele verschiedene Strömungen, so wie die Konservativen, Orthodoxen, Liberalen, religiös Praktizierenden, die Sufis und viele andere Gruppierungen, die man von den Extremisten unterscheiden muss. Genauso wie verschiedene Gruppierungen im Christentum und auch im Judentum vorhanden sind. Die Extremisten, die unsere Religion missbrauchen und gewaltbereit sind, das ist die Gruppe, gegen die man vorgehen muss. Hierbei ist es sehr wichtig, die Mehrheit der friedlichen Muslime mit ins Boot zu holen, um gemeinsam gegen die Extremisten vorzugehen. Gerade in Bezug auf Österreich. Hier gibt es einige Bereiche, wo mehr getan werden muss, vor allem auf Social Media, wo Hassprediger agieren und unsere Jugendlichen vergiften. Die Islamische Glaubensgemeinschaft ist sich dieser Herausforderung auch bewusst, hat hier mehrere Großprojekte anvisiert. Was man aber auch klar sagen muss: Die Glaubensgemeinschaft hat keinen Zugriff auf irgendwelche Leute, die über TikTok oder andere soziale Medien die Jugendlichen radikalisieren. Jene, die Hass schüren, sitzen irgendwo in irgendeinem Land und brauchen für ihr Tun nicht mehr als ein Handy, den Rest macht der Übersetzer und der Algorithmus, vorbei an Familien, Gemeinden, Moscheen, Glaubensgemeinschaft und staatlichen Behörden. Das Wichtigste ist, dass man endlich den Hasspredigern auf Social Media keine Plattform mehr gibt, damit sie dort eben nicht weiter Falschwissen und Halbwissen verbreiten und unsere Jugendlichen vergiften können. Hier sind die Verantwortlichen dieser sozialen Medien gefordert, sofort diesen Hass zu unterbinden.

DANIELLE SPERA: Apropos Social Media und apropos friedlich: Der 7. Oktober 2023, das Massaker an 1200 unschuldigen Menschen in Israel und die Geiselnahme von mehr als zweihundert Zivilisten, dieses Abschlachten war ein Zivilisationsbruch, die große Zäsur für uns Jüdinnen und Juden. Unter

> Gespräch:
> Lernen wir einander kennen

Muslimen gab es Freudenfeiern am 7. Oktober, und es kamen kaum Stimmen des Abscheus und der Verurteilung aus der islamischen Welt. Wenn der Islam den Frieden liebt, dann muss man doch ein derart furchtbares Ereignis anprangern.

RAMAZAN DEMIR: Die Islamische Glaubensgemeinschaft hat von Anfang an klar und deutlich, auch in mehreren Presseaussendungen, das Massaker und diese Verbrechen vom 7. Oktober verurteilt, und es gibt keinen Muslim in meinem Umfeld, der diesen Angriff der Hamas nicht verurteilt. Die wenigen Muslime, die sich gefreut haben, verurteile ich zutiefst, solche kenne ich aber wie gesagt nicht! Die Gräueltaten vom 7. Oktober verabscheue ich vollkommen, es sind 1200 unschuldige Männer, Frauen und Kinder auf qualvolle Art und Weise umgebracht worden. Das ist unmenschlich und unislamisch. Meine Bittgebete sind mit den Ermordeten und deren Hinterbliebenen. Wenn wir über dieses Thema sprechen, dann muss man auch festhalten, dass in Gaza sehr viele Kinder, sehr viele unschuldige Frauen und Männer durch Bombenangriffe aus Israel getötet wurden. Da sind Menschen in Österreich betroffen, die große Teile ihrer Familie dort verloren haben, und wenn ich sage: große Teile, dann sind das dutzende Menschen, kleine Babys, Kinder, Frauen und unschuldige Männer, die weder Terroristen noch Hamaskämpfer waren,

sondern ganz normale Menschen wie du und ich, die einfach versucht haben, ihr Leben zu leben. Auch auf das Leiden der palästinensischen Zivilbevölkerung muss man hinweisen und Gewalt verurteilen dürfen, ohne deswegen beschuldigt zu werden, dadurch das eine mit dem anderen gleichzusetzen oder irgendetwas zu relativieren. Gewalt und Leid ist immer schrecklich. Alle Menschen haben den gleichen Wert, und es ist nicht zielführend, verschiedene Maßstäbe anzulegen oder das Leiden von Unschuldigen auf der einen oder anderen Seite zu ignorieren. Hier muss man auch die Stimmen hören, die sowohl bei Muslimen, aber auch bei vielen Nichtmuslimen für Empörung sorgen. Gewalt ist Gewalt. Jeder, der ein Menschenleben rettet, rettet die ganze Welt. Dieser Satz gilt für Juden genau wie für Muslime.

DANIELLE SPERA: Das steht außer Frage. Jeder friedliche Mensch, der in einem Krieg getötet wird, ist zu beklagen. Hier sprechen wir aber von keinem Krieg zwischen zwei Staaten, sondern von einem Krieg gegen eine Terrororganisation, die sich feige hinter ihrer eigenen Bevölkerung versteckt und damit sogar herausfordert, dass es zivile Opfer unter den Palästinensern gibt. Und weil du den wichtigen Gedanken erwähnst, dass jeder, der ein Menschenleben rettet, eine ganze Welt rettet: Das stammt aus dem Talmud.

Gespräch:
Lernen wir einander kennen

RAMAZAN DEMIR: Es steht auch im Talmud, aber dieser Satz stammt von Gott und ist ebenso im Koran zu finden. Jeder, der einen Menschen rettet, ist so, als ob er die ganze Menschheit gerettet hat: Wenn also alle Religionsanhänger die jeweiligen heiligen Botschaften ernstnehmen würden, müsste man sofort mit jeglichem Kampf aufhören. Wir versuchen ja, für Frieden zu sorgen und können hoffentlich vielleicht auch mit diesem Buch etwas beitragen und Aufklärungsarbeit leisten. Denn leider wissen die meisten Menschen nicht, was der Islam, und auch nicht, was das Judentum ist.

DANIELLE SPERA: Die Hamas verwendet die eigene Bevölkerung als Geiseln. Es gibt jetzt ganz genaue Informationen darüber, in welchem Ausmaß sie in Schulen, in Kindergärten, in Spitälern ihre Schlupflöcher hat, auch Eingänge zu Tunneln finden sich dort. Die israelische Armee steht unter Beobachtung der ganzen Welt, für jeden Einsatz muss vorher juristische Genehmigung eingeholt werden, das heißt, man ist bemüht, Zivilisten so weit wie möglich zu schonen.

RAMAZAN DEMIR: Trotzdem sind tausende unschuldige Kinder, Frauen und Männer in Gaza gestorben und unzählige traumatisiert und verletzt worden, das ist einfach entsetzlich und nicht dadurch zu relativieren, indem man sie als »Kollateralschaden« im Krieg legitimiert. Das ist schrecklich. Auch die USA und andere Verbündete Israels haben sowohl die Siedlungspolitik und Vertreibungen in den letzten Jahren stark kritisiert, die durch extremistische Siedler durchgeführt wurden. Schließlich gibt es auch heute noch viele Juden in Israel, die die israelische Regierung und die Angriffe der Armee kritisieren. Ich möchte hier aber kein gegenseitiges Aufwiegen von Opfern, ich halte fest: Kein unschuldiger Mensch darf mehr getötet werden, egal ob Jude, Christ, Muslim oder Atheist.

DANIELLE SPERA: Weder habe ich von Kollateralschaden noch von der israelischen Siedlungspolitik gesprochen. Wie gesagt, ich sehe es auch so, dass jedes unschuldige Opfer zu bedauern ist. Es ist nur so, dass mir aus dem Islam die Stimmen fehlen, die die Verbrechen der Hamas verurteilen, oder darauf drängen, dass die Hamas die Geiseln freilässt – es sind von Kleinkindern an bis hin zu alten Menschen unschuldige Zivilisten, vor allem viele, die sich besonders engagiert für die Rechte der Palästinenser eingesetzt haben.

RAMAZAN DEMIR: Sowohl die Islamische Glaubensgemeinschaft in Österreich als auch die wichtigsten Vertreter der muslimischen Community und die meisten Regierungen der muslimisch dominierten Länder haben den Terrorangriff der Hamas vom 7. Oktober und die Geiselnahmen klar und deutlich verurteilt. All meine Kollegen, mir bekannte Muslime, wir tun das genauso und sagen das auch klar und deutlich. Alle Geiseln sollen freigelassen werden und kein unschuldiger Mensch, egal auf welcher Seite, soll sein Leben verlieren. Alle Bombardierungen sollen aufhören. Ich möchte unterstreichen: Wenn in einem Gebäude zehn Terroristen und neunzig unschuldige Menschen sind, dann kann dieses Gebäude nicht bombardiert werden. Auch wenn sich nur ein einziger unschuldiger Mensch darin befindet. Das ist weder mit jüdischen noch mit islamischen Werten vereinbar. Es ist einfach unmenschlich. Jetzt gibt es schon mehr als 30 000 Tote in Gaza, das ist heftig.

DANIELLE SPERA: Ja, wenn die Zahlen stimmen, ist das schrecklich. Wir können es allerdings nicht überprüfen, denn alles, was wir erfahren, stammt von der Hamas. Vor allem muss verhindert werden, dass sich ein solches Massaker auf israelischem Boden durch diese Terrororganisationen und deren Anhänger noch einmal ereignet. Dieser Krieg könnte sofort beendet sein, wenn die Hamas die mehr als einhundert Geiseln, darunter auch Kleinkinder, freilässt und einen Übergang zu einer friedlichen palästinensischen Regierung im Gazastreifen ermöglicht. Die Hamas sorgt sich überhaupt nicht um ihre eigene Bevölkerung. Aber sprechen wir doch von dem eben erwähnten Satz über die Rettung eines Einzelnen, die wie die Rettung der ganzen Welt gilt, von dem wir beide meinten, dass das in unseren beiden Religionen so wichtig ist. Es steht im Talmud und auch im Koran, also in der jüdischen und der islamischen Lehre. Das ist ja auch der Grund für dieses Buch: Was haben wir gemeinsam, was sind die gemeinsamen Themen? Denn wir sollen ja voneinander lernen, um zu einem besseren Verständnis zu kommen.

RAMAZAN DEMIR: Es ist unbestritten, dass zigtausende Wohnhäuser zerstört wurden und irrelevant, ob es jetzt 30 000, 25 000 oder 35 000 sind – es geht nicht um Zahlen, es geht um Menschenleben. Es muss sichergestellt werden, dass nirgends in Israel und Palästina jemals solche Angriffe auf unschuldige Menschen durchgeführt werden, die weder religiös noch menschlich vertretbar sind. Wo würdest du denn jene rechtsextremen nationalreligiösen Juden in Israel einordnen, die nationalistische Ideen und Ziele mit Judentum und religiöser Identität vermischen, und wieso einige in der Siedlerbewegung auch vor Gewaltverbrechen nicht zurückschrecken, und das mit angeblich jüdischen Werten rechtfertigen? Obwohl doch offensichtlich ist, dass weder derartige Gewalt, noch deren aus dem europäischen 19. Jahrhundert stammende Ideologie des Nationalismus mit den Werten der Tora und der jüdischen Ethik vereinbar sind.

Gespräch:
Lernen wir einander kennen

DANIELLE SPERA: Hier muss ich ein bisschen ausholen, denn seit der Zerstörung des Zweiten Tempels haben Juden täglich für die Rückkehr nach Israel gebetet, die Sehnsucht nach dieser Rückkehr war 2000 Jahre lang ein wesentlicher Bestandteil jüdischer Identität. Die Entwicklung des jüdischen Nationalismus ist im Kontext der Nationalstaatenbewegung des 19. Jahrhunderts und des radikalen Antisemitismus zu sehen. Damit stieg der Wunsch der Jüdinnen und Juden nach einem Staat, wo sie geschützt vor Verfolgung leben könnten. In deiner Frage geht es vermutlich auch um den Tempelberg und das Westjordanland. Der Tempelberg ist aus religiöser und auch nationalstaatlicher Sicht von zentraler Bedeutung, denn hier stand sowohl der Erste als auch der Zweite Tempel. Wohl nicht ganz zufällig wurden dort im 16. Jahrhundert der Felsendom und die Al-Aksa-Moschee errichtet. Genau wie den Tempelberg muss man das Westjordanland betrachten, das in der Bibel Judäa und Samaria genannt wurde. Dort befinden sich Stätten, die als die Wiege des Judentums betrachtet werden. Völkerrechtlich gilt dieses Gebiet als umstritten. Es war ursprünglich britisches Mandatsgebiet und wurde 1948 von Jordanien annektiert. Alle Jüdinnen und Juden mussten die Gebiete verlassen. Damals hätte übrigens leicht die Möglichkeit bestanden, dort einen palästinensischen Staat zu errichten. 1967 hat Israel im Sechstagekrieg das Westjordanland erobert, war gleichzeitig bereit, diese Gebiete gegen einen Friedensschluss mit den arabischen Staaten und den Palästinensern zurückzugeben. Als Antwort kamen die Drei Neins der arabischen Staaten von Khartum: kein Friede mit Israel, keine Anerkennung Israels, keine Verhandlungen mit Israel. Zunächst aus Gründen der Verteidigung, später auch aus nationalreligiösen Gründen wurden im Westjordanland Siedlungen errichtet. Die Terrorangriffe der beiden Intifadas haben bedauerlicherweise auf israelischer Seite zu einer Radikalisierung innerhalb der Siedlerbewegung geführt. Als Reaktion auf Terroranschläge kam es zuletzt auch immer wieder zu Übergriffen von radikalen Siedlern auf palästinensische Dörfer. Das ist zutiefst zu verurteilen und wird auch im Rahmen des israelischen Rechtsstaats geahndet. Der Wunsch nach einem friedlichen Nebeneinander ist ein zentraler Bestandteil der jüdischen Religion und der jüdischen Ethik. Die Polarisierung zwischen radikalen Palästinensern und radikalen Siedlern ist leider zunehmend Realität geworden.

RAMAZAN DEMIR: Ich würde nicht so weit ausholen und versuchen, durch historische Ereignisse der letzten Jahrhunderte Gewalt in der Gegenwart zu rechtfertigen, für die es keine ethische und reli-

Gespräch:
Lernen wir einander kennen

giöse Rechtfertigung gibt – weder von Seiten der Hamas, noch von Seiten gewaltbereiter jüdischer Siedler.

DANIELLE SPERA: Wie kommst du auf die Idee, dass ich Gewalt durch historische Ereignisse rechtfertige? Hier geht es auch darum, dass über viele Jahrzehnte Angebote zu friedlichen Lösungen von den arabischen Staaten und den Palästinensern torpediert wurden.

RAMAZAN DEMIR: Das halte ich für eine sehr einseitige Darstellung. Wenn man wirklich objektiv sein will, muss man, um die geschichtlichen Ereignisse richtig einordnen zu können, beide bzw. verschiedene Perspektiven heranziehen. Wie du erwähnst, muss das friedliche Nebeneinander möglich sein. Der Staat Israel hat ein Existenzrecht, aber der Staat Palästina im Westjordanland, im arabischen Teil Ostjerusalems und im Gazastreifen ebenfalls, wie es immerhin von vielen Mitgliedstaaten der Vereinten Nationen anerkannt wird. Übrigens: »Al Aksa« ist nicht nur der Name der sich dort heute befindlichen Moschee am Südende des Plateaus oder des Felsendoms mit der goldenen Kuppel, sondern hat seine Anfänge auch in der islamischen Tradition in dem durch den Propheten Suleyman, also König Salomon, dort erbauten Gotteshaus, dem sogenannten »Salomonischen Tempel«. Dieser Ort ist für Muslime ein besonderer und gesegneter Ort. Nachdem Jerusalem im 7. Jahrhundert von Muslimen regiert wurde, haben sie daher auf dem verödeten Tempelberg/Aksa-Platz erneut ein Gotteshaus erbaut und in den Jahren danach immer wieder restauriert. Juden konnten ihre Sehnsucht ins Heilige Land zurückzukommen, durch Muslime wieder realisieren, die sie nach Jerusalem zurückkehren und Jahrhunderte lang dort leben ließen.

DANIELLE SPERA: Jetzt kommen wir wieder zu historischen Ereignissen. König Salomon hatte dort das Hauptheiligtum der Juden errichtet, den Ersten Tempel. Er war im Judentum ein König und wird im Islam als Prophet angesehen. Weshalb war denn der Tempelberg verödet? Weil die jüdische Bevölkerung vertrieben und ihr Tempel zerstört worden war. Daher beteten wir seit Jahrhunderten für eine Rückkehr.

RAMAZAN DEMIR: Allerdings waren es nicht die Muslime, die das Gotteshaus zerstörten und die Juden vertrieben! Sondern im Gegenteil, Muslime waren es, die ein Gotteshaus wiedererbauten und Juden wieder ins Land ließen. Ich kann die Sehnsucht meiner jüdischen Geschwister verstehen. Diese Sehnsucht teilen genauso auch Muslime und Christen, die Jerusalem als ihre religiöse Heimat sehen. Die Essenz darin ist es, friedlich miteinander und nebeneinander zu leben.

Gespräch:
Lernen wir einander kennen

DANIELLE SPERA: Ja, Muslime haben am Ort des jüdischen Tempels eine Moschee errichtet. Aber beschäftigen wir uns in diesem Zusammenhang mit dem Koran. Wenn man den Koran liest, dann sind zumindest die ersten hundert Seiten sehr vom Judentum und auch vom Christentum durchzogen, das war mir nicht bewusst und ich war davon überrascht. Es geht um alles, was wir aus der Tora bzw. dem Alten Testament kennen. Wir erfahren von Abraham, von Moses, von Jesus, wir finden Engel wieder, die wir aus der jüdischen Religion und dem Christentum kennen. Mein Eindruck war ein bisschen, dass das alles zwar zitiert wird, aber man dann gesagt hat: Also das haben die Juden niedergeschrieben, jenes die Christen, aber in Wirklichkeit ist das alles islamisch. Das wäre jetzt meine journalistische Zuspitzung. Das alles stammt ja aus dem 7. Jahrhundert, erst dann ist der Koran durch Mohammed, diktiert durch den Erzengel Gabriel, niedergeschrieben worden. Das heißt, das war viele Jahrhunderte nach der Tora und der Bibel.

RAMAZAN DEMIR: Genauso, wie zwischen der Tora und dem Evangelium Jahrhunderte liegen, so gibt es auch zwischen dem Evangelium und dem Koran einen jahrhundertelangen Abstand. Der Koran ist im 7. Jahrhundert von Gott durch den Erzengel Gabriel an den Propheten Muhammad überbracht worden, so, wie Gottes Wort zuvor all den anderen Propheten überbracht wurde. Der Islam ist nicht mit Muhammad entstanden. Das heißt, Muhammad hat nicht den Islam neu erfunden, sondern Muhammad hat zum einen Gott aufgerufen und die Menschen gewarnt, dass es ein Leben nach dem Tod gibt, genau das, was auch zuvor schon die Propheten Adam, Moses, Hiob und Jonas getan haben. Alle haben in Bezug auf das Glaubensbekenntnis dasselbe gepredigt: Erkennt den Schöpfer und wisset, es gibt ein Leben nach dem Tod. Denn es gab zur Zeit Muhammads viele Menschen in Mekka und Umgebung, die Götzendienst verrichtet haben. Nach dem islamischen Glauben, und das ist ja das, was ich vertrete, war der erste Mensch Adam, der zugleich Prophet und Muslim war. All die Propheten haben dies verkündigt und vertreten. Das mag ungewohnt klingen, ist aber eben der islamische Glaube, so wie der jüdische Glaube das anders sieht. Wo wir uns aber treffen können, ist bei den vielen Inhalten, die für uns beide gleich sind.

DANIELLE SPERA: Adam und Eva sind laut der Tora (1. Buch Mose, Kapitel 2 bis 5) bzw. dem Alten Testament die Stammeltern der Menschheit. »Adam« ist hebräisch und spielt auf das Wort »Erde« an. Der Islam ist also nach dem Judentum und später dem Christentum die jüngste der abrahamitischen

Religionen. Vielleicht erklärst du an dieser Stelle den Begriff Islam?

RAMAZAN DEMIR: In der Wortwurzel des Begriffs Islam sind zum einen »Salam« und »Taslim« enthalten. Salam bedeutet Friede. Salam Aleikum – vergleichbar mit Shalom Aleichem – heißt »Friede sei mit dir«. Taslim bedeutet »Hingabe«, also Hingabe an Gott: Unsere Stammväter Adam und Abraham haben sich Gott hingegeben, Moses hat sich Gott hingegeben, Jesus als Prophet hat sich Gott hingegeben und Muhammad hat sich ebenfalls Gott hingegeben. Also ist ein Muslim nach dem Glauben des Islam derjenige, der sich friedlich Gott hingibt! Deswegen beginnt unserer Auffassung nach der Islam mit Adam. Das heißt, auch Noah war für uns ein Muslim, ein Mensch, der sich Gott hingegeben hat. Der Glaube war überall gleich, wie du es gesagt hast, der Glaube an die Engel, der Glaube an den Jüngsten Tag, der Glaube an Gott.

DANIELLE SPERA: Adam, Noah, wichtige biblische Gestalten, haben sich Gott hingegeben. Es eint uns der Glaube an einen einzigen Gott, für euch islamisch, für Juden jüdisch, für Christen christlich.

RAMAZAN DEMIR: Ja! All diese Aspekte waren gleich, aber was unterschiedlich war, ist die Praxis: das Gebet, das heißt, wie und wie oft der Prophet Moses gebetet hat, unterscheidet sich davon, wie und wie oft der Prophet Muhammad gebetet hat.

In der Praxis unterscheiden wir uns in so einigen Dingen, zum Beispiel wie wir fasten, wie viel wir an sozialer Pflichtabgabe leisten müssen. Hierbei sind so einige Unterschiede sichtbar, aber der Glaube war gleich und deswegen werden im Koran Juden und Christen als »Ahl Al-kitab« bezeichnet. Das heißt »Familie der Schrift«. Auch wird es mit »Besitzer« oder »Volk der Schrift« übersetzt.

DANIELLE SPERA: Das sind wir alle drei: Juden, Christen und Muslime. Die Schriften der Juden sind die fünf Bücher Mose, also die Tora, die Schriften der Christen sind das Neue Testament, später kam auch der Koran dazu.

RAMAZAN DEMIR: Ohne jetzt andere Religionsgemeinschaften kleinzureden – darüber können wir auch noch reden, wie wir die anderen sehen – muss ich Christen und Juden betonen, weil im Koran klipp und klar steht, dass Christen und Juden eine besondere Stellung im Islam haben. Wenn man das nicht weiß und den Koran einfach so liest, ohne ein Basiswissen zu haben, dann kann man sehr stark verwundert sein. Es werden im Koran mehrere Begebenheiten aus der Zeit vieler Propheten dargestellt, um für uns hier und jetzt Lehren abzuleiten. Wie zum Beispiel in Bezug auf den Propheten Yusuf, also Josef, mit dem mehrere Brüder grausam umgegangen sind, und der trotzdem später, als er die Gelegenheit hatte, nicht Rache, sondern Barmherzigkeit ausgeübt hat. Beispiele aus der Zeit Musa, also Moses, dessen Anhänger immer wieder vom rechten Weg abgewichen sind und die deswegen im Koran von Gott kritisiert werden.

DANIELLE SPERA: Diese Geschichten stammen ja alle aus der Tora, dem Alten Testament. Du meinst jetzt das Goldene Kalb, das eigentlich Götzendienst war.

RAMAZAN DEMIR: Ja, Gott hat sowohl in der Tora als auch im Koran offenbart, dass Moses mit den Menschen gesprochen hat. Die Propheten waren bei unterschiedlichen Völkern. Gott hat ihnen die Propheten als Mahner, als Warner, als Boten geschickt, um sie auf den rechten Weg zu leiten, um als Lehrer zu fungieren. Und deswegen erscheinen im Koran sehr viele Propheten, die auch im Judentum als solche vorkommen. Nicht immer: zum Beispiel Suleyman, also Salomo, oder Dawud, also David: Sie sind im Judentum Könige, aber im Koran steht, dass sie sowohl Könige als auch Propheten waren.

DANIELLE SPERA: Aber jetzt frage ich mich: Wenn sie jetzt Juden waren, wie können sie gleichzeitig Propheten im Islam sein? Erkennt ihr sie als Juden an?

RAMAZAN DEMIR: Natürlich sind das Söhne Israels, und Israel ist der Prophet Jakob und Jakob ist auch unser Prophet, also war Jakob ein Mensch, der sich

Gott hingegeben hat. Daher sehen wir Jakob als Muslim an und die Söhne Israels, die in dieser Zeit gelebt haben und ihm gefolgt sind, genauso. Schließlich stammen wir alle von Adam ab! Man braucht da einen anderen Blickwinkel.

DANIELLE SPERA: Und wir sehen sie als Juden! Wie soll das zusammen gehen? Sie können doch nicht Juden und Muslime zugleich sein.

RAMAZAN DEMIR: Es ist eine andere Betrachtungsweise, was vielleicht ungewohnt ist, aber es ist die Perspektive der zweitgrößten Weltreligion. Du siehst es durch die jüdische Brille und ich durch die muslimische. Für dich sind die Propheten Moses, Jakob, Josef und Hiob Juden, und für mich sind sie Muslime. Das heißt, ich finde es super, dass du Moses liebst, liebe Danielle, ich liebe Moses auch. Das müsste uns also eigentlich eher zusammenbringen als trennen. Ein weiteres Beispiel: Christen sehen Jesus als Sohn Gottes und wir sehen Jesus als Prophet Gottes. Es ist zwar eine andere Betrachtungsweise, jedoch eint uns, dass wir Jesus lieben.

DANIELLE SPERA: Ich denke, das müssen wir losgelöst davon betrachten, ob wir bestimmte Propheten lieben. Blicken wir doch auf unseren Stammvater Abraham. Er ist einer der drei Erzväter des jüdischen Volkes, neben Isaak und Jakob. Wie wir wissen, konnte seine Frau Sarah keine Kinder bekommen, daher gestattete sie Abraham ein Ver-

Gespräch:
Lernen wir einander kennen

hältnis mit einer Hausangestellten namens Hagar, und so kam das Kind Ismael zur Welt. Dann erhielt Sarah aber doch die Prophezeiung, dass sie ein Kind bekommen solle. Sarah lachte und sagte, jetzt bin ich doch bereits im hohen Alter. Aber tatsächlich wurde sie schwanger und gebar Isaak. Dieses langersehnte Kind soll Gott geopfert werden, das verlangte er von Abraham.

RAMAZAN DEMIR: Gott prüfte Abraham und seinen Sohn. Im Koran wird das Kind, das Abraham opfern soll, nicht namentlich genannt. Es gibt viele islamische Kommentatoren, die sagen, es sei Ismail gemeint, andere wiederum sagen, es sei Ishak, also Isaak. Aber es könnte genauso auch Ishak gewesen sein. Es ist auch nicht wichtig, ob es Ishak oder Ismail ist. Auf jeden Fall gibt es Differenzen in Bezug auf die Örtlichkeit. Das heißt, viele Muslime sind der Auffassung, dass diese Begebenheit in Mekka stattfand. Unsere jüdischen Geschwister sind der Auffassung, dass es in Jerusalem passiert ist. Das ist der Unterschied, aber die Prüfung Gottes und dann die Wendung, dass Gott verhindert, dass Abraham sein eigenes Kind tötet, kennen wir genauso aus dem Koran.

DANIELLE SPERA: In der Tora heißt es, Isaak war Abrahams Lieblingssohn, Isaaks Sohn ist Jakob und dieser wird zu Israel, dem Volk Gottes. Diese biblische Hierarchie erkennt der Koran nicht an.

Ismail rückt im Koran ins Zentrum. Von Isaak erfahren wir im Koran nichts mehr. Abraham ist im Koran nicht Stammvater der Juden, sondern Anhänger des Islam. Wie kann Abraham nach dieser Erzählung überhaupt Stammvater der Juden, Christen und Muslime sein? Hier herrschen verschiedene Narrative vor.

RAMAZAN DEMIR: Genau das ist ja der entscheidende Punkt. Juden, Christen und Muslime ehren und respektieren Abraham und wissen, dass er zu seiner Zeit als Gottes Prophet seiner Umgebung Gottes Botschaften mitteilte, wie zum Beispiel sein Einsatz gegen den Götzendienst. Abraham ist unser Stammvater: der Juden, der Christen und der Muslime. Muhammad war ein Nachfahre von Ismail, also schlussendlich von Abraham. Beide, sowohl Ismail als auch Ishak, werden im Koran hochgeschätzt, und es gibt gar keine Hierarchien zwischen Ishak und Ismail, denn beide waren aufrichtige Menschen, die das Gute gefördert und das Schlechte verboten haben. Abraham ist sogar derjenige, der gemeinsam mit seinem Sohn die Kaaba errichtet hat. Die Riten, die wir während der Pilgerfahrt vollziehen, stammen aus seiner Zeit und sollen uns an die Hingabe Gottes erinnern.

DANIELLE SPERA: Der Koran verunglimpft die Juden, weil sie sich in Medina der Botschaft Mohammeds widersetzt haben.

Gespräch:
Lernen wir einander kennen

RAMAZAN DEMIR: Der Koran verunglimpft nicht die Juden, sondern die schlechten Handlungen derjenigen, die in der Zeit der vielen Propheten, wie auch in der Zeit Muhammads, lebten. Zum Beispiel die Handlungen einiger Anhänger von Moses, die Götzendienst begangen haben. Für dich wären es die Handlungen einiger Juden, für mich wiederum sind es die Handlungen einiger Muslime, die kritisiert werden und über die berichtet wird, damit wir daraus Lehren ziehen. Im Koran wird klar betont: »Wir glauben an Allah und an das, was zu uns als Offenbarung herabgesandt worden ist, und an das, was zu Ibrahim (Abraham), Ismail (Ismael), Ishak (Isaak), Jakub (Jakob) und den Stämmen herabgesandt wurde, und an das, was Musa (Moses) und Isa (Jesus) gegeben wurde, und an das, was den Propheten von ihrem Herrn gegeben wurde. Wir machen keinen Unterschied zwischen ihnen, und wir sind Ihm ergeben.« All diese wichtigen Statements sind vielen Außenstehenden fremd.

DANIELLE SPERA: Die Juden stellten Mohammed vielleicht auch in Frage, weil er die biblischen Geschichten uminterpretierte.

RAMAZAN DEMIR: Muhammad hat jedoch nichts uminterpretiert, sondern nur das weitergegeben, was er von Gott erhielt. Sicherlich wurden auch einige Ereignisse der Propheten im Koran geschildert, die Juden in dieser Zeit fremd waren und die sie nicht kannten oder nicht mehr überbracht bekamen. Muslime sind der Auffassung, dass Muhammad von Gott alle Inhalte des Koran erhielt und diese an seine Umgebung weitergab, ohne etwas hinzuzufügen oder wegzunehmen. Hierbei sind auch Teile der vorangegangenen Prophetengeschichten inkludiert. Jesus zum Beispiel, der für uns Muslime ebenfalls ein Prophet Gottes ist, bekam das Evangelium auch viele Jahre nach Moses, worin ebenfalls Lehren der vorangegangenen Propheten enthalten waren. Wir sind aber nicht der Auffassung, dass Jesus das Alte Testament uminterpretierte, sondern er überbrachte alle Inhalte, die er von Gott bekam, an seine Mitmenschen.

DANIELLE SPERA: Mohammed selbst hat Morde an Juden ausgeführt. Er ließ Juden des Quraiza-Stammes hinrichten. »Tötet jeden Juden, der unter Eure Macht fällt«, wörtlich ist in den Übersetzungen zu lesen: »tötet sie, wo immer ihr auf sie stoßt«, und weiter: »Verfolgung ist schlimmer als Totschlag«. Das hat Mohammed selbst gesagt und seine Anhänger dazu aufgefordert, die ihm gehorchten.

RAMAZAN DEMIR: Nirgends im Koran und in der Sunna wirst du sehen, dass Muhammad »Tötet jeden Juden« sagt. Was mir immer durch den Kopf geht, wenn ich solche Aussagen höre: Gerade diese und weitere Verse werden von muslimischen

Gespräch:
Lernen wir einander kennen

Extremisten sehr gerne herangezogen, um Gewalt zu legitimieren. Ich würde mich sehr freuen, wenn unser Buch dazu beiträgt, dass die Propaganda der Extremisten nicht noch im öffentlichen Diskurs bestätigt wird. Vielmehr wünsche ich mir, dass wir genug religiöse Bildung haben, um gemeinsam Scheinargumente der Extremisten zu entlarven. Der Koranvers, den du erwähnst, bezieht sich auf die arabischen Mekkaner, die feindselig gegenüber den Muslimen agierten und Krieg gegen sie führten, und nicht auf die Juden, Christen oder Andersgläubige. Das sehen wir, wenn wir uns den Vers, den du ansprichst – »tötet sie wo immer ihr auf sie stoßt und Verfolgung ist schlimmer als Totschlag« – anschauen und analysieren. Dieser Vers ist, so wie alle Verse des Korans, kontextorientiert zu durchleuchten. Der Koran kann nur in der Gesamtheit seiner Aussagen mit den unterschiedlichen Disziplinen berücksichtigt werden. Zudem ist es wichtig, den vorigen und den nachfolgenden Vers zu lesen: Im vorigen Vers (2:190) steht: »und kämpft gegen jene, die Krieg gegen euch führen, aber begeht keine Aggression, aber wahrlich, Gott liebt Aggressoren nicht!« Im Nachfolgenden Vers 2:192 steht: »Aber wenn sie ablassen, siehe, Gott ist vielvergebend, ein Gnadenspender«. Den Koran auf Deutsch oder auf irgendeiner anderen Sprache zu lesen heißt lange noch nicht, auch die Offenbarungsanlässe vollständig zu verstehen, geschweige denn, daraus ein Urteil fällen zu können. Es geht hier eindeutig um die Selbstverteidigung der Muslime, die von arabischen Mekkanern bekriegt wurden. Warum sonst haben Muslime und Juden jahrhundertelang in der Vergangenheit friedlich gemeinsam zusammengelebt? In Andalusien, in Bagdad, in Damaskus, in Marokko, und das über lange Zeit hinweg. Wenn es so eine Aufforderung gäbe, warum haben Muslime im Jahr 1492 über 200 000 Juden, die aus Andalusien zusammen mit den Muslimen vertrieben wurden, gerettet? Als die damaligen Extremisten Juden und Muslime verfolgten, wurden diese Juden im Osmanischen Reich, aber auch in vielen anderen arabischen Ländern wie Marokko aufgenommen. Es wird in einem Hadith (einzelne Geschichte von oder über Mohammed) überliefert, dass eine kleine Gruppe des Quraiza-Stamms während eines Verteidigungskriegs gegen die Götzendiener aus Mekka, die die Muslime umbringen wollten, Hochverrat begangen und Muslime angegriffen haben soll und deswegen bestraft wurde – nicht weil sie Juden waren. Der Prophet Muhammad hat mit Juden gemeinsam in Medina in Frieden zusammengelebt, er hatte jüdische Nachbarn, die er besuchte und um die er sich kümmerte. Beispielsweise hatte er auch seine Wertgegenstände, bevor er gestorben war, einem jüdischen Freund anvertraut.

Gespräch:
Lernen wir einander kennen

DANIELLE SPERA: Hier gibt es einen Hadith mit folgendem Wortlaut: »Die Stunde wird nicht schlagen, bis die Muslime die Juden bekämpfen und töten, sodass die Juden sich hinter Steinen und Bäume verstecken. Die Steine oder Bäume sagen jedoch: O, Muslim! O, Diener Gottes, ein Jude versteckt sich hinter mir. Komm und töte ihn! Nur al-Gharqad nicht; denn er ist ein Baum der Juden.«

RAMAZAN DEMIR: Dieser Hadith gehört zu den erfundenen Hadithen. Denn es ist wichtig zu wissen, dass nach dem Tod des Propheten Muhammad nicht alle Überlieferungen, die ihm zugesprochen wurden, auch tatsächlich von ihm stammen. Leider sind diese nicht authentischen Hadithe immer noch im Umlauf und werden vor allem von jenen zitiert, die auf der Suche nach genau solchem Material sind. Die Disziplin der Hadithwissenschaften beschäftigt sich mit dieser Thematik. Sie untersucht, wie authentisch und vertrauenswürdig die Überlieferungsketten und die überliefernden Personen sind und stuft sie dementsprechend in Kategorien ein.

DANIELLE SPERA: Es wäre vermutlich wichtig, dass solche erfundenen Hadithe auch von Seiten der islamischen Gemeinschaft als solche definiert werden, damit klar ist, dass sich niemand darauf berufen soll. Weil wir beim Thema sind: Der Dschihad-Gedanke ist Juden und Christen fremd. Er widerspricht den jüdischen und christlichen Werten. Was ist der Grund dafür im Islam?

RAMAZAN DEMIR: Was heißt denn Dschihad – unschuldige Menschen angreifen und umbringen? Nein, das ist auch dem Islam fremd! Der Begriff »Dschihad« wird von den Extremisten mit »Heiliger Krieg« übersetzt, was schrecklich ist, denn kein Krieg kann heilig sein. Die wörtlichen Bedeutungen von Dschihad lauten »sich bemühen«, »sich anstrengen«, »streben« und »sich verteidigen«. Dschihad ist im eigentlichen Sinne die Anstrengung, um Gottes Zufriedenheit zu erlangen. Diese Bemühungen können persönlicher oder gesellschaftlicher Natur sein. Das kann zum Beispiel ein Einsatz gegen soziale Ungerechtigkeit und für eine soziale Ordnung sein, wie Muhammad den Menschen mitteilte: »Sich für Witwen, Waisen und Bedürftige einzusetzen, ist Dschihad.« Auch der Kampf des Menschen gegen sein Ego ist ein innerer Kampf und stellt, wie Muhammad sagte, den Dschihad dar: »Der wahre Dschihad ist, gegen seine Triebe zu kämpfen.« Somit ist klarzustellen, dass der Dschihad keine Form der Kriegsführung ist, sondern eine umfassende Lebensweise für die Menschen darstellt. Daher bedeutet der Dschihad für die Muslime, das Leben zu bestreiten, indem er das Gute fördert und all seine Handlungen in Einklang mit dem Islam bringt. Krieg heißt auf arabisch nicht Dschihad, sondern »harb« oder »kital« und wird im Koran immer negativ dargestellt. Angriffskriege werden im Islam niemals legitimiert. Allein sich zu verteidigen ist erlaubt, so wie auch in den anderen Weltreligionen. Aber dabei geht es eben um Selbstverteidigung und nicht Angriff. Hunderttausende Muslime sind gestorben, weil der sogenannte IS, der definitiv ein UIS (unislamischer Staat) ist, im Namen des »Dschihad« mordete. Über 95 Prozent aller Toten der IS-Gräueltäter waren Muslime! Sie sprechen vom heiligen Krieg. Schauen wir doch in die Zeit der Kreuzzüge, wo Menschen im Namen Gottes Muslime und Juden massakriert haben. Wir wissen heutzutage, dass das Christentum dies niemals legitimiert. Es ist schließlich genauso wie der Islam eine friedliche Religion. Aber Menschen haben damals wie heute die Religion für ihre Zwecke missbraucht.

DANIELLE SPERA: »Du sollst nicht töten« ist eines der Zehn Gebote. Sie gelten für Juden und Christen gleichermaßen, wenn auch in anderer Reihenfolge. Wie steht es mit dem Tötungsverbot, oder überhaupt um die Zehn Gebote im Islam?

RAMAZAN DEMIR: Lass uns doch gemeinsam in Kürze die Zehn Gebote analysieren:

DANIELLE SPERA: 1. Gebot: Ich bin der Herr, dein Gott.

RAMAZAN DEMIR: Im Koran steht: »Gott ist einer, ihm gleich ist keiner.«

DANIELLE SPERA: 2. Gebot: Du sollst keine anderen Götter haben neben mir.

RAMAZAN DEMIR: Im Koran steht: »Setze nicht Gott einen anderen Gott zur Seite.«

DANIELLE SPERA: 3. Gebot: Du sollst den Namen des Herrn nicht missbrauchen.

RAMAZAN DEMIR: Im Koran steht: »Ihr sollt auf Allah keine Eide schwören, damit ihr euch des Guttuns, Rechthandelns und des Friedenstiftens unter den Menschen enthaltet.«

DANIELLE SPERA: 4. Gebot: Halte den Schabbattag ein, um ihn zu heiligen.

RAMAZAN DEMIR: Sowohl die Feiertage am Opferfest und Ramadanfest als auch der Freitag werden im Islam geehrt.

DANIELLE SPERA: 5. Gebot: Du sollst deinen Vater und deine Mutter ehren.

RAMAZAN DEMIR: Im Koran steht: »Und zu den Eltern sollst du gut sein.«

DANIELLE SPERA: 6. Gebot: Du sollst nicht töten.

RAMAZAN DEMIR: Im Koran steht: »Wer einen Menschen tötet ist so, als ob er die ganze Menschheit umgebracht hat.«

DANIELLE SPERA: 7. Gebot: Du sollst nicht ehebrechen.

RAMAZAN DEMIR: Im Koran steht: »Lasst euch nicht auf Unzucht ein, das ist etwas Abscheuliches.«

DANIELLE SPERA: 8. Gebot: Du sollst nicht stehlen.

RAMAZAN DEMIR: Im Islam ist Diebstahl eine klare Verletzung des Menschenrechts. Es gibt sowohl im Koran als auch in der Sunna diesbezüglich viele Ermahnungen. Zum Beispiel steht im Koran: »Tastet das Vermögen der Waisen nicht an.«

DANIELLE SPERA: 9. Gebot: Du sollst nicht falsch Zeugnis reden wider deinen Nächsten.

RAMAZAN DEMIR: Im Koran steht: »Und diejenigen sind lobenswert, die keine lügnerische Zeugenaussage tätigen, und die, wenn in ihrer Anwesenheit haltloses Zeug gesprochen wird, in Würde vorübergehen.«

DANIELLE SPERA: 10. Gebot: Du sollst nicht begehren deines Nächsten Haus noch alles, was sein ist.

RAMAZAN DEMIR: Dieses Prinzip ist genauso vom Koran und der Sunna abzuleiten: Im Koran steht zum Beispiel: »Folgt nicht niederen Begierden«; der Prophet Muhammad sagt dazu: »Dem Muslim ist bezüglich seiner Mitmenschen untersagt, ihm zu schaden an Gesundheit, Besitz und Würde.«

DANIELLE SPERA: Es ist für nichtmuslimische Leser nicht einfach zu durchschauen, mit welchem Blick der Koran auf Juden und Christen sieht, da so viel aus der jüdischen und christlichen Geschichte umgedeutet wird.

RAMAZAN DEMIR: Wie gesagt: »Umdeuten« ist immer eine Sache der Perspektive. Muhammad wurde von Gott beauftragt, genauso wie alle Propheten zuvor, Dinge zurechtzurücken, die in der damaligen Gesellschaft nicht richtig verstanden und ausgelebt oder vergessen wurden.

DANIELLE SPERA: Juden und Christen glauben aber, dass sie das davor schon seit Jahrhunderten richtig verstanden haben.

RAMAZAN DEMIR: Sicherlich glauben sie daran. Aber du möchtest ja die islamische Perspektive kennenlernen. Wie vorher beschrieben haben Juden und Christen eine besondere Stellung im Islam. Im Koran steht: »Und führt keine Streitgespräche mit dem Volk der Schrift, es sei denn auf vortreffliche Art und Weise. Und sprecht: ›unser Gott und euer Gott ist Einer; und Ihm sind wir ergeben.‹«

DANIELLE SPERA: Die Figur des Mohammed ist für mich sehr schwer analysierbar. Er kann nicht lesen und nicht schreiben, der Engel Gabriel überbringt ihm den Koran, Muhammad insistiert aber, dass er nicht lesen und schreiben kann, der Engel drückt den Koran auf sein Gesicht, bis fast zum Ersticken. Das spielt sich im 7. Jahrhundert ab. In diesen Jahrhunderten sind so viele wichtige Diskussionen unter den Rabbinern, die ja auch hochphilosophisch waren, geschehen. Bis zu diesem Zeitpunkt hat sich im Judentum bereits die gesamte Geschichte ereignet und die Religion weiterentwickelt. Die Entstehung des Christentums und das *Parting of the Ways* zwischen Juden und Christen (die Entwicklung des frühen Christentums), bis diese ihren eigenen Weg gefunden hatten, war bereits seit Jahrhunderten schon vollzogen. Dann kam Mohammed und meinte, es sei alles anders und sein Weg sei der Richtige. Wenn ich das jetzt verkürzt zusammenfasse: Der Islam machte »copy and paste« und hat einfach die religiöse Geschichte neu interpretiert.

RAMAZAN DEMIR: Ich verstehe, dass Muhammad für dich als Außenstehende, die kein Islamstudium, keine intensive Beschäftigung mit der Sira (Lebensgeschichte des Propheten) hinter sich hat, schwer analysierbar ist. Allein für diesen Fragenblock würde ich zig Seiten Platz im Buch benötigen, die wir natürlich nicht haben. Aber in Kürze kann ich sagen, dass Muhammad die Botschaft Gottes, so wie viele andere Propheten vor ihm, durch den Engel Gabriel mündlich überliefert bekam und sie seinem Umfeld mündlich weitergab. Daher bedarf es nicht, dass er schreiben und lesen konnte. Ich werde mich mal in naher Zukunft der Frage widmen, wie viele Propheten denn vor Muhammad schreiben und lesen konnten. Aber kommen wir zur Person Muhammad: Er war ein Mensch, der sein Leben lang versuchte, übrigens wie all die anderen Propheten zuvor, die Mitmenschen um sich herum zum Guten aufzufordern und das Schlechte zu vermeiden. Er versuchte seinerzeit die Sklaverei abzuschaffen und Frauenrechte zu fördern. Stell dir vor, was denn in Paris, in London, in Wien vor 1400 Jahren abging? Wie sah es denn damals mit den Rechten aus? Man muss alles im Kontext seiner Zeit berücksichtigen, und deswegen sehen viele Muslime Muhammad als Revolutionär. Er predigte Barmherzigkeit gegenüber allen Menschen. Und weil du sagst, dass man annehmen könnte, der Islam macht »copy and paste«, dann wird es aber auch Menschen geben, die annehmen, Jesus hätte von Moses »copy and paste« gemacht, was ja Unfug ist.

DANIELLE SPERA: Du erwähnst, dass ich kein Islamstudium vorweisen kann. Ich stelle dir vielleicht stellvertretend für viele Menschen Fragen, die aufkommen, wenn man sich ein wenig mit der Person Mohammed und dem Islam auseinandersetzt. Ich habe den Koran in deutscher Übersetzung gelesen, habe mir übrigens bei einigen Stellen sogar mehrere Übersetzungen angesehen. Bei der Lektüre des Koran haben sich für mich doch einige Unklarheiten gezeigt. Wenn wir bei Mohammed bleiben, gibt es in seinem Leben ja auch verschiedene Phasen, jene in Mekka und jene in Medina. Wenn wir aber bei »copy and paste« bleiben: Hier gibt es den Unterschied, dass die Christen die Tora anerkennen und sagen, das ist unser Altes Testament, und das quasi eins zu eins übernommen haben. Sie haben es als einen Teil ihrer eigenen Geschichte mitgenommen, aber sehr lange überdeckt, dass Jesus Jude war.

RAMAZAN DEMIR: Ich erwähne nur, dass ich verstehe, dass man es als außenstehende Person bei der Analyse gewisser Aspekte in anderen Religionen schwer hat. Ich beschäftige mich ja auch mit der Tora und dem Evangelium, führe seit vielen Jahren Gespräche mit Priestern, Pfarrern und Rabbinern und weiß, dass ich ohne deren Erläuterungen und Erklärungen bei so manchen Stellen meine Schwierigkeiten habe. Und trotzdem kann ich bei anderen Religionen einige Aspekte immer noch nicht nachvollziehen, aber das ist ja okay und zu respektieren. Muslime akzeptieren selbstverständlich auch die Tora als Gottes Hinabsendung, die Moses damals bekam. Wir akzeptieren darüber hinaus auch das Evangelium, welches Jesus ursprünglich von Gott erhalten hat. Wir sind nur der Auffassung, dass der Koran das letzte Update ist, also die letzte Hinabsendung Gottes, und ab der Zeit Muhammads richten wir uns danach. Übrigens: Gerade im deutschsprachigen Raum bedarf es mehr an authentischer Literatur über den Islam, da die derzeitige noch nicht ausreichend ist. Hier sind die zahlreichen muslimischen Theologen und

Religionspädagogen gefordert. Hier hat die muslimische Community viel verschlafen.

DANIELLE SPERA: Der Koran beschäftigt sich über hunderte Seiten mit Juden und Christen, aber es kommt immer heraus, dass sie eigentlich die Ungläubigen und der Weg des Islam der richtige Weg sei.

RAMAZAN DEMIR: Der Koran beschäftigt sich nicht über hundert Seiten mit Juden und Christen, der Koran beschäftigt sich zum einen mit Lebensgeschichten der Propheten, die vor dem Propheten Muhammad gelebt haben, mit ihren Botschaften, ihrer Berufung, ihrer Verfolgung, wie zum Beispiel die Geschichte von Noah und der Arche, Moses und seiner Auswanderung, Jesus und Maria. Und hierbei gibt der Koran sowohl Juden als auch Christen einen besonderen Stellenwert und stellt sie nicht als ungläubig dar. Das Wort »ungläubig« ist überhaupt kein islamischer Terminus. Im Koran gibt es Bezüge auf Ereignisse, die zu Lebzeiten des Propheten Muhammad stattfanden. Die Inhalte des Koran sind vielfältig und umfassen verschiedene Bereiche. Der Koran enthält Gebote und Verbote für die Menschen, Berichte über die Schöpfung und die Menschheitsgeschichte. Außerdem befinden sich im Koran Geschichten und Lehren der vorangegangenen Völker und unterschiedlicher Personen (zum Beispiel Ashabu Kahf: *Die Gefährten der Höhle*). Die

Betonung des Monotheismus und die Beschreibung von Gottes Eigenschaften, wodurch wir Gott näher kennenlernen, sind zentrale Elemente im Koran. Er beinhaltet allgemeine Moralvorschriften, an die sich die Menschen halten sollten. Immer wieder wird auf das gute Benehmen und den Besitz guter Charaktereigenschaften aufmerksam gemacht. Eine der Grundprinzipien, die man aus dem Koran direkt ableitet, ist schlussendlich, Gutes zu tun und Schlechtes zu vermeiden.

DANIELLE SPERA: Es ist schwierig, sich als Nichtmuslim in den Koran hineinversetzen zu können, weil man ihn mit dem jüdischen oder christlichen Kontext versehen betrachtet.

RAMAZAN DEMIR: Wir müssen versuchen, einander zu verstehen. Jetzt denke dich einmal in meine Person hinein und stelle dir vor, wie glauben denn Muslime daran? So wie ich das umgekehrt bei Juden tue, mit Empathie. Ich habe mein Leben lang den Islam nicht nur gelebt, sondern auch studiert. Versetzen wir uns in die Zeit von Muhammad, gehen wir zurück in die Vergangenheit, ins 7. Jahrhundert, wo Menschen an Gott glauben, aber Mittler verwenden, um von Gott Dinge zu verlangen oder Wünsche auszudrücken. Dafür nutzten sie die Götzen, und so ist Muhammad aufgewachsen. Hier gibt es eine Parallele zu Abraham, der auch in einem Umfeld lebte, wo es Götzendienst gab, wogegen er aufgestanden ist. Unserer Auffassung nach haben alle Propheten die Botschaft vom Engel Gabriel bekommen und haben sie an die Menschen verkündet, Muhammad genauso wie Abraham. Das ist, woran Muslime glauben. Muhammad hat gesagt: Diese Götzen bringen euch nichts. Es ist wichtig, dass ihr direkt mit Gott in Kontakt tretet und nicht über Mittler. Das ist die Hauptmessage. Die zweite Message ist: Es gibt ein Leben nach dem Tod, und die dritte: Tut Gutes und lasst das Schlechte weg. Gleichzeitig wurde Muhammad angefeindet, weil er gesagt hat: Entfernt diese Götzen aus der Kaaba. Denn die Kaaba war mit ihren Götzen zu einer Pilgerstätte geworden, welche viele Menschen anzog, und die sich zu einer Handelsstätte entwickelt hatte. Das heißt, die Mekkaner hatten dadurch nicht nur Ansehen, sondern auch viel Geld erlangt. Denn die Pilger brachten Opfergeschenke und Leben in den Handel und in den Tourismus. Die Mekkaner wurden reicher und reicher, und dann kam einer, der sagte: Entfernt diese Götzen, die keine Bedeutung haben. Das missfiel vielen Mekkanern.

DANIELLE SPERA: Das ist im Prinzip genau, woran wir auch glauben: Götzendienst ist falsch, und man soll Gutes tun und Schlechtes weglassen, hier sind wir uns also einig. Die Abkehr vom Götzendienst (er wird auf hebräisch Avoda sara, also »falscher Dienst« genannt), ist seit jeher das Grundprinzip des Judentum und stammt aus der frühesten Geschichte des Judentums bzw. aus den Noachidischen Geboten. Welche Bewandtnis hat denn die Kaaba in diesem Zusammenhang, was symbolisiert sie?

RAMAZAN DEMIR: Die Kaaba ist das Haus, welches Abraham mit seinem Sohn Ismail in Anwesenheit seiner Frau Hagar errichtete. Die Riten, die wir jetzt bei der Pilgerfahrt vollziehen, sind alles Riten, die Abraham, Hagar und Ismail vollzogen haben: das Umwandern der Kaaba, verschiedene Bewegungen, oder auch Steine, die symbolisch geworfen werden, um den Satan und seinen üblen Einfluss abzuwehren. Es wird nämlich überliefert, dass der Teufel Abraham von seiner Gottergebenheit abbringen wollte. Dessen wird gedacht. Muslime feiern übrigens auch das Opferfest, um an die Geschichte von Abraham und seiner Gottergebenheit zu erinnern. In und außerhalb der Kaaba hat es zur Zeit Muhammads Götzen gegeben, und die Menschen hatten die ursprüngliche Botschaft verloren und vergessen. Nun kam Muhammad und rief zum Eingottglaube auf; das war vielen Mekkanern ein Dorn im Auge, und deswegen wurde Muhammad angefeindet und vertrieben. Die ersten Muslime, die vertrieben wurden, gingen nach Abessinien (Äthiopien), und dort gab es einen christlichen Herrscher, der ihnen Schutz gewährte. So hat Muhammad den Verfolgten gesagt: Geht dorthin, dort ist ein christlicher Herrscher und er wird euch schützen. Genau das ist auch passiert. Mekkaner sind hinterhergeeilt und wollten, dass die Geflüchteten an sie ausgeliefert werden. Aber der König sagte, nachdem er die Botschaften des Islam gehört hatte, dass zwischen den Muslimen und den Christen nur eine dünne Linie vorhanden ist und er sie niemals übergeben würde.

DANIELLE SPERA: Wie kommt es dann zum Begriff der Ungläubigen, »Kafir«, für die Gegner Mohammeds, der im Koran so oft erwähnt wird?

RAMAZAN DEMIR: Die Übersetzung mit »Ungläubig« ist nicht korrekt. Der Begriff Kafir hat verschiedene Bedeutungen, wie zum Beispiel »undankbar«, »leugnen« und »bedecken«, es gibt ja genauso im Deutschen oder im Hebräischen Begrifflichkeiten, die mehrere unterschiedliche Bedeutungen haben. Juden und Christen sind Andersgläubige und nicht Ungläubige. Es ist wichtig zu betonen, dass es unislamisch ist, Christen oder Juden als ungläubig zu sehen. Das geht gar nicht. Für die Extremisten unter Muslimen sind jedoch alle, die andersgläubig sind, tatsächlich Ungläubige. Sie sehen alle anderen als verloren an und sich allein bzw. ihre Gruppe (mit ihren Gleichgesinnten) im Paradies. Sie stempeln auch die meisten Muslime als Ungläubige ab. Ich selbst, meine Kollegen und Freunde, die allermeisten Muslime in Österreich und auch weltweit sind für diese Menschen tatsächlich Ungläubige. Im Koran steht jedoch eindeutig und klar »O die ihr glaubt! lasset nicht ein Volk über das andere spotten, vielleicht sind diese besser als jene. Und verleumdet einander nicht und gebet einander nicht Schimpfnamen. Schlimm ist das Wort: ungehorsam nach dem Glauben; und wer nicht ablässt, das sind die Ungerechten.« Glaube ist schließlich zwischen Mensch und Gott, und dem Menschen obliegt es nicht, sich hier einzumischen.

DANIELLE SPERA: Dann müsste man ja den radikalen Islamisten klarmachen können, dass Juden keine Ungläubigen sind.

RAMAZAN DEMIR: Die Anführer unter den Extremisten wollen das nicht wahrhaben und missbrauchen dies für ihre eigenen Zwecke. Die Mitläufer unter den Extremisten kann man aber sehr wohl deradikalisieren. Schließlich werden Muslime, die den Islam kennen, niemals Christen oder Juden als Ungläubige abstempeln.

DANIELLE SPERA: Aber es gibt viele Stellen im Koran, die judenfeindlich sind. Wiederholt wird ihnen vorgeworfen, sich Gottes Propheten widersetzt, ja sie sogar getötet zu haben. Es gibt Flüche und Verwünschungen, sie werden als Affen und

Schweine bezeichnet. »… die Allah verflucht hat und denen Er zürnt und aus denen Er Affen und Schweine gemacht hat und die Satan anbeten«, heißt es zum Beispiel in Sure 5.

RAMAZAN DEMIR: Es gibt keine einzige Stelle im Koran, die judenfeindlich ist. Bei manchen Vorurteilen gegen uns könnte man, wüsste man es nicht besser, wirklich glauben, dass sie – so wie damals im Geist der »Weisen von Zion« gegen euch, quasi als Band 2 – nun gegen uns geschrieben worden sind, so unverfroren sind sie und so stereotyp werden sie immer und immer wiederholt. Kritisiert und zurechtgewiesen werden in diesen Koranstellen, die du erwähnst, die Anhänger der Propheten! Also werden nach unserem Verständnis die damaligen Muslime kritisiert. Schwer zu verstehen auch für so manche Muslime, jedoch ist es eine elementare Sichtweise des Islam. Flüche und Verwünschungen sind in der Tora und im Evangelium genauso wie im Koran zu sehen. Hierbei ist aber niemals eine gesamte Religionsgruppe angesprochen, sondern immer eine bestimmte Gruppe. Das konkrete Beispiel mit den Affen taucht zum Beispiel im Kapitel 2 auf, in der die Prophetengeschichte von Moses erwähnt wird. Damit ist eine Gruppe unter seinen Anhängern, die vom rechten Weg abgegangen sind, gemeint. Das heißt konkret, dass nicht eine gesamte religiöse Gruppe kritisiert wird, sondern Taten und Handlungen bestimmter Religionsanhänger. Diese gelten für mich als Muslim und für dich als jüdisch. Das zu verstehen ist nicht einfach, letztendlich betrachtet der Islam alle Propheten, die gesandt wurden, als Boten Gottes, und unter ihren Anhängern gibt es jene, die ihnen folgten und jene, die sich ihnen widersetzten. Auch gibt es zahlreiche Stellen im Koran, wo ersichtlich ist, dass Muslime im Umfeld des Propheten Muhammad kritisiert werden. Deswegen ist es so wichtig den Koran kontextorientiert zu lesen. Menschen machen Fehler, begehen Sünden, und Gott ermahnt daher die Menschheit. Moses bekommt eine Nachricht, übergibt sie den Menschen – folgen sie alle dieser Botschaft? Nein. Gibt es Menschen, die hunderte Jahre später auch Teile dieser Botschaft verändern? Ja, leider ja. Deswegen gab es unserer Auffassung nach viele Propheten, die dann immer wieder die Menschen erinnert haben.

DANIELLE SPERA: Die zehn Gebote sind nicht verändert worden, sie sind eine Richtschnur für ein friedliches Leben; wenn alle Menschen sie einhielten, könnten wir alle leben wie im Paradies.

RAMAZAN DEMIR: Wenn das Wort »wenn« nicht wäre! Wenn die Menschen egal welcher Religion auch immer sich an ihre religiösen Vorgaben halten würden, hätten wir selbstverständlich das Paradies auf Erden, jedoch ist das leider nicht der Fall. Übrigens: Die Zehn Gebote sind ja nicht die einzige Botschaft, die Moses von Gott erhalten hat. Gegenseitige Toleranz und Verständnis beginnen damit, dass man die andere und die eigene Sichtweise als gleichwertig wertvoll anerkennt. Jedenfalls teilen wir uns in vielem die gleiche Geschichte mit jeweils unterschiedlicher Perspektive. Wir sind der Auffassung, dass die letzte Hinabsendung Gottes der Koran ist, deswegen binden wir uns an den Koran, aber respektieren die Tora, das Evangelium und die Psalmen Davids etc. Wir sagen aber, dass gewisse Inhalte davon gewollt oder ungewollt mit den Jahren verloren gegangen sind, und deswegen gehen wir auch behutsam damit um. Das heißt, nicht alles, was in der heutigen Tora steht, nehmen wir auch direkt an. Wir fokussieren uns auf die letzte Botschaft Gottes, den Koran. Er ist unserer Auffassung nach Gottes Wort, welches nicht verändert wurde, welches sowohl mündlich als auch schriftlich bis zu unserer Zeit gekommen ist. Das Arabische, egal ob in China oder in Amerika, beinhaltet das gleiche, also gibt es keinen Buchstaben, der unterschiedlich ist im Koran. Aber in Bezug auf die Koranübersetzung und natürlich das Koranverständnis, wie Menschen damit umgehen, was sie daraus für Ableitungen treffen, da gibt es Unterschiede.

Gespräch:
Lernen wir einander kennen

DANIELLE SPERA: Das ist bei den Übersetzungen der Tora ähnlich. Aber heißt es nicht, dass man den Koran nicht übersetzen soll?

RAMAZAN DEMIR: Nein, das ist so nicht richtig, es gibt in allen Sprachen Übersetzungen. Und nicht nur eine, sondern viele – allein im deutschsprachigen Raum. Natürlich muss man den Koran auch übersetzen, damit man ihn versteht. Sogar arabischstämmige Muslime müssen versuchen, sich damit auseinanderzusetzen, und es gibt Koranexegese, das heißt im arabischen Tafsir, die Auslegung des Korans. Was du vielleicht meintest, ist: Das original Arabische ist natürlich Gottes Wort, die Koranübersetzung ist der Versuch, Gottes Wort zu verstehen.

DANIELLE SPERA: Gab es so etwas wie den Talmud oder sozusagen Diskussionen unter den Imamen? Vergleichbar zu den Diskussionen zwischen Rabbinern, wie Hillel und Schammai, einer der strengeren und einer der weniger strengen Schule, wenn man so will. Gibt es oder gab es das im Islam?

RAMAZAN DEMIR: Natürlich, es gab im Islam genauso sowohl konservative als auch liberalere Auslegungen. Im Endeffekt muss man wissen, dass jede Auslegung eine Auslegung der jeweiligen Person und nicht Gottes Wort ist. Judentum und Islam sind sich in ihrer Struktur sehr ähnlich, es gibt keine zentrale Lehrautorität und man kann die

Stellung der islamischen Gelehrten in dieser Hinsicht gut mit denen der Rabbiner vergleichen. Entsprechend gibt es auch im Islam eine große Anzahl sehr unterschiedlicher Auslegungen. In Bezug auf die Ausübungen der Praxis sind unterschiedliche Rechtsschulen vorhanden, die sich nach unterschiedlichen Gelehrten richten. Ganz banal gesagt gibt es zum Beispiel eine Gruppe von Muslimen, die meint, Meeresfrüchte zu essen ist verboten. Eine andere Gruppe wiederum sagt: Nein, Meeresfrüchte, die ja schließlich genauso wie die Fische aus dem Wasser kommen, darf man verzehren. Da gibt es Unterschiede. Oder auch in Bezug auf die Handhaltung beim Gebet: Wie halte ich meine Hand während des Gebets? Da gibt es ebenfalls unterschiedliche Gruppierungen, wo der eine Gelehrte sagt, diese Haltung ist richtig, der andere sagt, die andere Haltung ist richtig. Stimmt, da haben wir auch sehr viel gemeinsam.

DANIELLE SPERA: Wie sieht der Unterschied zwischen den Regionen aus? Der Islam in der Türkei, der Islam in der arabischen Welt, der Islam in Asien, wie sind da die Strömungen?

RAMAZAN DEMIR: Je nach Region sind unterschiedlich geprägte Rechtsschulen vorhanden, zum Beispiel ist die hanafitische Rechtsschule in der Türkei und in Bosnien verbreiteter, das heißt aber lange nicht, dass alle Türken und alle Bosnier aus-

Gespräch:
Lernen wir einander kennen

schließlich der hanafitischen Rechtschule zugehören.

DANIELLE SPERA: Was bedeutet das genau?

RAMAZAN DEMIR: Hanafitisch sind die Anhänger einer der Rechtsschulen des Islams, die in Bezug auf die Detailfragen in der Praxis der Religionsausübung dem Imam Abu Hanifa folgen. Sie ist die am weitesten verbreitete Rechtsschule in der Türkei, in Bosnien und Albanien. Zudem sind auch Länder wie Indien, Pakistan, Usbekistan und Bangladesch hanafitisch geprägt. Gebiete in Nordafrika sind malikitisch geprägt, da die Mehrheit dort dem Imam Malik ibn Anas folgt. Dann gibt es Schafiiten, die in Indonesien, Ägypten, Palästina und Israel, Syrien und dem Irak verbreitet sind, und die Hanbaliten in Saudi Arabien. Abgesehen davon gab es und gibt es noch viele weitere Rechtsschulen wie zum Beispiel die Ismaeliten, Zwölferschia, Zaiditen und weitere. Diese Gelehrten haben sich vor Jahrhunderten mit Detailfragen auseinandergesetzt, zum Beispiel in Bezug auf Eheschließungen, Scheidungen oder Speisegeboten. Wiederum gibt es sehr viele Muslime, die sich die Meinungen der unterschiedlichen Rechtsgelehrten anschauen, sie analysieren und demnach ihren eigenen Weg gehen, sowie weitere, die in einigen Fragestellungen all diesen Imamen dieser Rechtsschulen keine Bedeutung für ihre eigene Lebensgestaltung zumessen. Die Basis der Religion, die Säulen des Islam, ist jedoch bei allen gleich: der Glaube an den einzigen Gott, der Glaube an die Propheten und Engel und die hinabgesandten Botschaften Gottes (inklusive der Tora und des Evangeliums), der Glaube an den Jüngsten Tag und der Glaube an das Schicksal und die Vorsehung. Die Grundprinzipien des Korans und der Sunna haben ihren Stellenwert bei allen Muslimen, das heißt, es würde keiner von ihnen sagen, wir beten sechs Mal am Tag statt fünf Mal, oder man muss zwei Mal im Leben die Pilgerfahrt nach Mekka zur Kaaba vollziehen anstatt einem Mal. Aber es gibt in der täglichen Lebenspraxis noch sehr viele Einzelheiten, wo es Differenzen in der Auslegung gibt.

DANIELLE SPERA: Vielleicht gehst du auch noch kurz auf die große Unterscheidung zwischen Sunniten und Schiiten ein.

RAMAZAN DEMIR: Nach dem Tod des Propheten Muhammad gab es unter den Muslimen eine Debatte über den Nachfolger als Gemeindeleiter. Die Mehrheit befürwortete den engen Vertrauten Muhammads Abu Bakr als ersten Nachfolger (Kalifen). Diese Muslime werden heutzutage als Sunniten bezeichnet. Eine Minderheit setzte auf verwandtschaftliche Beziehung zum letzten Propheten und sah deshalb Ali, den Neffen und Schwiegersohn Muhammads, als den eigentlichen ersten Kalifen.

Gespräch:
Lernen wir einander kennen

Diese werden heute Schiiten genannt. Die Bezeichnung Schiiten leitet sich aus dem Begriff Schiat-Ali, Partei Alis, ab, die der Meinung sind, dass nach Ali dann dessen Söhne und Nachkommen die Aufgabe des Gemeindeleiters übernehmen sollten. Sunniten (von »an der Sunna festhalten«) respektieren zwar die Familie von Imam Ali, messen ihr aber nicht jene überragende Bedeutung zu wie die Schiiten. In der heutigen Zeit sind fast 90 Prozent der Muslime Sunniten und eine kleinere Gruppe Schiiten, wobei diese vermehrt im Iran, im Libanon, in Bahrain und im Irak leben.

DANIELLE SPERA: Im Judentum gibt es die Unterteilung in Aschkenas und Sepharad. Aschkenasische Juden sind Nachkommen jener Juden, die sich im Frühmittelalter in Deutschland angesiedelt hatten und von dort aufgrund von Pogromen und Vertreibungen nach Osteuropa gezogen sind. So hat sich ihre Sprache, Jiddisch, aus einer Form des Deutschen entwickelt. Die Ursprünge der sephardischen Tradition liegen in Spanien und Portugal. Nach der Vertreibung durch die »Katholischen Könige« Isabella und Ferdinand 1492 sind sie nach Nordafrika ausgewandert. Ihre Sprache ist Ladino, auch Spaniolisch genannt, das auf der spanischen Sprache basiert. Die beiden Gruppen unterscheiden sich durch Riten und Gebräuche oder auch durch die Aussprache des Hebräischen. Die Tora und die Mitzwot, die Gebote und Verbote, gelten gleichermaßen, so wie im Islam ja die fünf Säulen auch für alle Gläubigen feststehen.

RAMAZAN DEMIR: Ja, die Basis im Islam, die ist gleich, das Glaubensbekenntnis, das Gebet, die soziale Pflichtabgabe, das Fasten und die Pilgerfahrt ist für alle der Kern. Zusätzlich zu diesen Praktiken gibt es eine rituelle Praxis des Alltags, die im Detail unterschiedlich umgesetzt wird, wie zum Beispiel die Art und Weise, wie man Kopfbedeckung trägt. Die Art dieser Bedeckung ist jedoch regional recht unterschiedlich. Wenn du in die Türkei reist, siehst du eine andere Art von Kopfbedeckung als in Indonesien, in Nigeria oder in Usbekistan, und das gilt analog auch für Männer, für die es als empfohlen gilt, das Haupt zu bedecken.

DANIELLE SPERA: Das ist mir schon aufgefallen. Auch, dass man in manchen islamisch dominierten Ländern, in die ich gereist bin, oft weniger Frauen mit Kopfbedeckung sieht als in Österreich, beispielsweise in Aserbaidschan oder in Bosnien. Das fand ich überraschend.

RAMAZAN DEMIR: Ich mache da keinen wertenden Vergleich zwischen Frauen, die eine Kopfbedeckung tragen und Frauen, die keine tragen. Aber das höre ich sehr oft. Natürlich sind Länder mit muslimischer Mehrheitsbevölkerung nicht nur vom Islam geprägt, sondern es gibt wie bei uns unzählige Einflüsse in der Gesellschaft, die die Entscheidung der jeweiligen Person mitträgt. Leute fliegen nach Antalya ans Meer oder zu den Sehenswürdigkeiten nach Istanbul, und glauben, die Türkei gesehen zu haben, und sagen: Da gibt es ja fast keine Frauen mit Kopftuch. Ja, natürlich, das sind ja Tourismusgegenden. Das sind Orte, die anders geprägt sind im Vergleich zu Regionen, wo kein bis wenig Tourismus herrscht. Die Lederhosenträger beim Heimatabend in Tirol oder die Mozartkonzertkartenverkäufer vorm Stephansdom sind auch nicht repräsentativ für die österreichische Bevölkerung.

DANIELLE SPERA: Ja, aber Istanbul hat sich zum Beispiel durch die Politik verändert. Es war früher eine viel offenere Stadt, heute sieht man viel mehr Frauen, die Kopfbedeckungen tragen. Übrigens auch im arabischen Viertel von Jerusalem. Hier ist eindeutig eine Entwicklung hin zu einer strengeren Religionspraxis wahrnehmbar.

RAMAZAN DEMIR: Ob eine Stadt offener ist oder nicht, kann man nicht an der Zahl der Kopftücher erkennen. Es ist wichtig, was im Kopf der Menschen, und nicht, was auf ihrem Kopf ist. Wenn das deine Wahrnehmung ist, verstehe ich das natürlich. Nehmen wir doch einfach einmal an, dass die Zahl der kopftuchtragenden Frauen wirklich gestiegen ist, weil sie aus persönlicher Überzeugung heraus eine Kopfbedeckung tragen – wo ist hierbei das Problem? Wenn aber Zwang ins Spiel kommt, ist es natürlich ein großes Problem. Aber hier müsste man gut unterscheiden.

DANIELLE SPERA: Über das Kopftuch würde ich gern ausführlicher sprechen, denn es ist ja im Koran nicht vorgeschrieben, dass Frauen ihre Haare bedecken müssen. In der hebräischen Bibel lässt sich das Bedecken der Haare für verheiratete Frauen aus einer bestimmten Stelle ableiten. Ich finde, dass keine Frau dazu gezwungen werden sollte. Kinder schon gar nicht. Und die extremen Auslegungen sehen wir dann im Iran und in Afghanistan mit Burka, Tschador oder Nikab. Da hat man schon den Eindruck, dass Frauen unsichtbar gemacht werden sollen. Ich musste vor kurzem in einem islamisch geprägten Land über meinem Gewand noch einen schwarzen Ganzkörper-Tschador tragen, als ich außerhalb der Gebetszeiten eine Moschee besichtigen wollte. Es hatte 45 Grad im Schatten und es war unter dem Tschador unerträglich heiß, während die Herren in kurzen Hosen und kurzärmeligen T-Shirts herumspazieren durften.

RAMAZAN DEMIR: Einer der wichtigsten Grundsätze im Islam aus dem Koran heraus ist, dass es keinen Zwang im Glauben und in der Praxis geben darf. Leider ist es auch hier, wie bei vielen anderen Dingen auf der Welt, so, dass sich nicht jeder, der sollte, auch daran hält. Dass man dich zwingt, einen Tschador zu tragen, ist weder menschlich noch islamisch gesehen in Ordnung. Ein Land, in dem man gezwungen wird, mit einer Kopfbedeckung auf die Straße zu gehen, ist der Iran, aber nur, weil sich der Iran »Islamische Republik« nennt, heißt das lange nicht, dass seine Regierung auch islamisch agiert. Und alle schauen in die sogenannte »Islamische Republik Iran« und glauben, dass, weil dort der Kopftuchzwang auf den Straßen herrscht, es tatsächlich islamisch sei, die Menschen zu zwingen. Nicht einmal in der Zeit des Propheten Muhammads wurden die Menschen gezwungen, auf den Straßen Mekkas und Medinas Kopftücher zu tragen. Denn jedes Gebot muss freiwillig durchgeführt werden und hierbei darf Zwang keine Rolle spielen. Sowohl im Koran als auch in der Sunna ist die Kopfbedeckung zwar verankert, jedoch muss jede Frau für sich selbst entscheiden, ob sie eines trägt oder nicht. Für die Mehrheit der Muslime ist das Tragen des Kopftuchs ein Gebot; gleichzeitig gibt es Muslime, die es nicht als Gebot sehen. Beide Positionen muss man respektieren. Was man nicht respektieren darf, ist, wenn Zwang ins Spiel kommt. Denn die betroffene Person allein entscheidet, ob sie die Kopfbedeckung trägt oder nicht.

DANIELLE SPERA: Spielt hier nicht manchmal auch der Gruppendruck eine Rolle bei jungen Frauen, oder auch der Druck durch Burschen, wo sich die Mädchen dann aus Furcht vor Anzüglichkeiten das Kopftuch aufsetzen? Die Ganzkörperbedeckung macht jedenfalls den Eindruck, dass Frauen aus der öffentlichen Wahrnehmung verschwinden sollen. Wir erleben ja derzeit, was in Afghanistan geschieht. Frauen werden aus der Gesellschaft komplett ausgeschlossen, sie dürfen weder eine Schulbildung erhalten noch arbeiten.

RAMAZAN DEMIR: Es ist schrecklich zu sehen, wie Männer versuchen, die Frauen in der Gesellschaft unsichtbar zu machen. Das ist sogar genau das Gegenteil davon, was in der Zeit des Propheten Muhammad stattfand, denn Frauen waren sichtbar und hatten eine tragende Rolle in der Gesellschaft. Die Burka hat keine Grundlage im Islam, sondern wie vieles, was derzeit in Afghanistan als islamisch verkauft wird, kommt sie aus den Paschtunwali, dem »Alten Recht« der Paschtunen, was trotz des Islam in diesen Kreisen leider immer noch sehr dominant ist. Man muss daher sehr aufpassen, denn nicht alles, was auf dem ersten Blick als islamisch gesehen und von so manch Muslimen als solches bezeichnet wird, ist es auch tatsächlich. Auf der anderen Seite hat man in der Türkei bis vor zwei Jahrzehnten das Kopftuch in vielen Bereichen verboten, worunter religiöse Frauen sehr gelitten haben, da sie zum Beispiel kein Studium mit Kopfbede-

Gespräch:
Lernen wir einander kennen

ckung absolvieren konnten. Wichtig ist: Jede Muslimin muss selbst bestimmen, ob sie dieses Gebot einhält oder nicht, und das hat weder mich, noch den Franz oder den Ali zu interessieren. Selbstbestimmungsrecht wird zwar im Islam großgeschrieben, aber leider nicht bei allen Muslimen! Leider gibt es auch heutzutage Fälle, wo Mädchen gezwungen werden, Kopftuch zu tragen, was islamisch gesehen ein No-Go ist. Denn egal, was du tust, du musst es für Gott tun und nicht für den Freund, den Ehemann oder den Vater. Das Gebet gehört zum Beispiel in Bezug auf die Glaubenspraxis zu den Handlungen, die den höchsten Stellenwert einnehmen, daher darf ich keine Person zwingen, zu beten, denn dann betet sie für mich und nicht für Gott. Es gibt leider heutzutage viele Außenstehende, die den Unterschied zwischen Pflicht und Zwang nicht kennen. In Italien zum Beispiel musst du als Frau und Touristin eine Kopfbedeckung tragen, wenn du in bestimmte Kirchen eintreten willst. In Österreich ist das nicht mehr der Fall. Auch in vielen Moscheen auf der Welt musst du als Frau und Touristin mit einer Kopfbedeckung die Moschee betreten. Bei Moscheebesuchen in Österreich und in Deutschland kenne ich das gar nicht so, ich halte seit über 15 Jahren Moscheeführungen für Interessierte, wo keine einzige Frau eine Kopfbedeckung tragen musste. Es gab jedoch immer wieder Frauen, die einen Schal mitgenommen, ihn auf den Kopf gegeben haben und mir sagten, ich tue es aus Respekt vor dieser Örtlichkeit. Im Endeffekt ist es territorial unterschiedlich. Bei der Gebetsausübung tragen dann wiederum Musliminnen in der Moschee immer eine Kopfbedeckung.

DANIELLE SPERA: Im Judentum hängt es auch von der Gemeinde ab und vor allem vom Rabbiner. In reformierten Gemeinden sitzen Männer und Frauen zusammen, in orthodoxen Gemeinden sind sie getrennt, manchmal sehr streng, in anderen weniger streng. Und auch bei der Kopfbedeckung verhält es sich ähnlich. Die vorgeschriebene Kopfbedeckung gilt nur für verheiratete Frauen, und da gibt es auch große Unterschiede, je nach Rabbiner und Gemeinde. Für wen gilt es im Islam?

RAMAZAN DEMIR: Für die Mündigen, also diejenigen, die sowohl die geistige als auch die körperliche Reife erreicht haben. Im Islam ist die Kopfbedeckung für Kinder kein Gebot. Was denkst du darüber, da ja auch Jüdinnen in Frankreich davon betroffen sind, dass ihr Staat verbietet, mit Kopfbedeckung zu studieren? Daraus ergibt sich gleich die Frage: Wie ist es denn genau mit der Kopfbedeckung für Juden geregelt? Ich sehe in Wien auf der Straße kleine Buben mit Kippa oder Hüten und jüdische Frauen mit Perücken oder Kopftüchern. Wie schaut die Praxis aus?

Gespräch:
Lernen wir einander kennen

DANIELLE SPERA: Laut der jüdischen Tradition bedecken religiöse verheiratete Frauen ihr Haar. Die erste Begegnung zwischen Rebekka und Isaak liefert den biblischen Ursprung: »Rebekka blickte auf und sah Isaak. Sie ließ sich vom Kamel herunter und fragte den Knecht: Wer ist der Mann dort, der uns auf dem Feld entgegenkommt? Der Knecht erwiderte: Das ist mein Herr. Da nahm sie den Schleier und verhüllte sich.« (1. Buch Mose 24, 64f.). Im orthodoxen Judentum findet man seither, also seit biblischen Zeiten, das Bedecken der Haare in den verschiedensten Ausprägungen vor. In strenggläubigen Gemeinden in Osteuropa schnitten sich die Frauen nach der Hochzeit die Haare ab und trugen ab dem Zeitpunkt ein »Tichel«, ein Kopftuch. Seit dem Aufkommen von Perücken (genannt »Scheitel«) akzeptieren die meisten Rabbiner auch diese als Kopfbedeckung für verheiratete Frauen, so hat sich das auch weitgehend durchgesetzt. Einige Rabbiner allerdings argumentieren, dass das künstliche Haar kaum vom natürlichen zu unterscheiden sei, Perücken daher keinen Sinn machten. Daher tragen manche Frauen über der Perücke einen Hut oder ein Tuch. Im Mittelpunkt steht jedenfalls, dass es bei Menschen auf die inneren Werte ankommt und nicht auf Äußerlichkeiten.

RAMAZAN DEMIR: Die Anzahl der muslimfeindlichen Angriffe und Fälle von Islamfeindlichkeit steigt leider auch in Österreich stetig. Das kam erneut bei den gemeldeten Fällen zum Vorschein. Sehr stark betroffen sind kopftuchtragende Frauen. Ich hatte Schülerinnen, die weinend zu mir kamen und sagten, dass sie von fremden Männern angeschrien wurden mit »Der Hitler muss her« oder »Ab ins KZ, du Islamist«. Das ist erschreckend! Es gibt sogar Frauen, die aufgrund der Feindseligkeiten ihr Kopftuch ablegen. Außerdem gibt es auch solche, denen der Einstieg in bestimmte Arbeitsplätze verweigert wird. Auch die Zahlen der Antisemitismusfälle steigen leider zunehmend in Österreich.

DANIELLE SPERA: Seit dem 7. Oktober sind die antisemitischen Vorfälle weltweit gestiegen, auch in Österreich – und leider sehr oft von muslimischer Seite, auch durch Schüler gegenüber (den wenigen) jüdischen Schülern in öffentlichen Schulen. Die jüdische Schule hat dadurch seit dem 7. Oktober einen enormen Zulauf bekommen, weil sich jüdische Schülerinnen und Schüler in öffentlichen Schulen nicht mehr sicher fühlen.

RAMAZAN DEMIR: Das ist ein großes Problem in unserer Gesellschaft und bedarf Antirassismus-Arbeit. Die gemeldeten Zahlen und Statistiken beider Seiten belegen, dass der Rechtsextremismus

> Gespräch:
> Lernen wir einander kennen

die größte Ursache ausmacht. Und hier muss man dringend gegensteuern. Man muss auch festhalten, dass unter Muslimen Antisemitismus vorhanden ist, wogegen ich mich seit Jahren einsetze. Hier muss man ebenfalls viele Präventionsprojekte initiieren und sich darauf fokussieren, Aufklärungsarbeit zu leisten, indem man zum Beispiel den interreligiösen Dialog fördert. Gemeinsam mit Rabbiner Schlomo Hofmeister führe ich seit mittlerweile über zehn Jahren Schulbesuche durch, in denen wir mit Schülern unterschiedlicher Schulstufen, Religionen und Kulturen zusammenkommen und all die Vorurteile, das Halbwissen und Falschwissen in der Diskussion versuchen, zu beseitigen. Unser Ziel ist es, in den Klassen alle Schüler zu erreichen, egal welcher Herkunft oder welchen Glaubens. Das gelingt uns gut – und das erkennen wir nicht nur an den verschiedenen Auszeichnungen, die wir von offiziellen Stellen bekommen oder von den positiven Rückmeldungen der Direktoren, sondern wir sehen das direkt vor Ort, wenn wir in die Augen der Schüler blicken. Sie sind meist irritiert und doch positiv erstaunt, dass ein Jude und ein Muslim und zudem ein Rabbiner und ein Imam gut befreundet sein können und sie persönlich besuchen kommen. Allein, dass wir gemeinsam dort stehen, signalisiert bei den Schülern mehr als tausend Worte und Zeilen. Was denkst du als Jüdin über den steigenden Rechtsextremismus in Österreich und in Europa? Wie kann man dem entgegenwirken?

DANIELLE SPERA: Wenn wir zum Thema Antisemitismus kommen, gibt es keinen Unterschied mehr zwischen Rechts- und Linksextremismus. Vor allem schockiert mich, was an Universitäten und in der Kunstszene geschieht, hier herrscht blanker Hass gegen Jüdinnen und Juden, der sich in seiner Sprache nicht vom historischen Antisemitismus unterscheidet. Es ist schockierend, was wir hier erleben. Initiativen wie deine Auftritte mit Rabbiner Hofmeister sind nicht hoch genug zu schätzen. Ich glaube, dass wir nur weiterkommen, wenn wir miteinander Kontakt haben und voneinander lernen. Wenn wir schon bei diesem Thema sind: Ist es richtig, dass ein Imam eigentlich keine wirkliche Ausbildung braucht?

RAMAZAN DEMIR: Der Begriff »Imam« steht für ein weites Spektrum von religiösen Würdenträgern und Verantwortlichen. Die wörtliche Bedeutung von Imam ist Vorsteher. Imame sind Vorbeter und Prediger in einer Moschee und haben eine Vorbildfunktion. Sie sind keine abgehobenen Amtsträger, sondern sind durch ihre Bildung und Moral in der muslimischen Gemeinde akzeptiert und anerkannt. Es gibt im Islam keine Trennung zwischen Laien und Priestern, da eine hierarchische Ordnung nicht vorhanden ist. Der Imam betet beim rituellen Gemeinschaftsgebet in der Moschee vorne an der Gebetsnische und die Muslime folgen ihm im Gebet. Da ein Imam in der Gemeinde vorbetet, muss er selbstverständlich den Koran rezitieren können und in Bezug auf die islamische Lehre eine anerkannte Person sein. Beim Beten rezitiert der Imam Verse aus dem Koran. Heutzutage sind die Mehrheit der Imame ausgebildete Religionsgelehrte. Jedoch kann jedermann als Vorbeter agieren, dafür wird keine Ausbildung benötigt. In dem Fall, dass kein Imam vorhanden ist, wird die Person als Vorbeter gewählt, die unter anderem gute islamische Kenntnisse besitzt. Wenn man zum Beispiel mit Freunden außerhalb der Gebetszeit in eine Moschee kommt, kann man das gemeinschaftliche Gebet verrichten, indem man einen ernennt, der als Imam vorbetet. Ich glaube, in der Synagoge ist das genauso.

DANIELLE SPERA: Ja, ein Vorbeter muss die Tora kennen, aber nicht unbedingt eine Rabbinerausbildung haben. Orthodoxe Rabbiner wurden und werden in einer Talmudhochschule, einer Jeschiwa oder einem orthodoxen Rabbinerseminar ausgebildet. Im Zuge der Haskala, der jüdischen Aufklärung, werden Rabbiner im liberalen Judentum in eigenen Rabbinerseminaren ausgebildet. Hier wurde zum Beispiel in Deutschland gerade eine eigene Stiftung für eine Rabbinerausbildung gegründet, um eine akademisch hochwertige und transparente Ausbildung liberaler und konservativer Rabbinerinnen und Rabbiner sowie Kantorinnen und Kantoren zu gewährleisten. Auf jeden Fall braucht es in einer orthodoxen Gemeinde für bestimmte Gebete zehn Männer. In reformierten Gemeinden zählen auch Frauen zu diesem Quorum. Gibt es Imamschulen, wie funktioniert das?

RAMAZAN DEMIR: Es gibt unterschiedliche Ausbildungsformen in unterschiedlichen Ländern, das heißt, in Bosnien gibt es zum Beispiel die Madrasa-Schulen und in der Türkei das Ilahiyat, ein fünfjähriges Studium – also das theologische Studium. Im Prinzip muss ein Imam Islamische Theologie studieren, denn er muss theologisches Wissen besitzen. Darüber hinaus sind soziale und pädagogische Kompetenzen unabdingbar. Er muss vor der Gemeinde nicht nur vorbeten, sondern auch predigen können. Das ist ebenfalls wichtig. Darüber hinaus wird der Imam sehr oft als Seelsorger gebraucht, das heißt, er muss für die Menschen da sein. Der Imam ist auch beim Totengebet dabei oder bei seelischen Problemfällen, wo die Leute zu ihm kommen und einen Rat brauchen, oder aus anderen Gründen reden wollen. Der Imam hat also viele Aufgaben. In Österreich ist die Islamische Glaubensgemeinschaft gerade dabei, die Ausbil-

Gespräch:
Lernen wir einander kennen

dung für Imame neu zu etablieren. In einem bevorstehenden Symposium und anschließender Konferenz werden Strategien erarbeitet, wie die Imame-Ausbildung in Österreich aussehen sollte. Bis dato gibt es in Österreich keine Imame-Ausbildung, sondern nur die Religionspädagogischen und Theologischen Studien an den Universitäten in Wien und Innsbruck und an der KPH Wien/Krems. Diese sind aber keine Imame-Ausbildungszentren, sondern sie fokussieren sich auf theologische und religionspädagogische Kompetenzen, die zwar auch zur Ausbildung eines Imams gehören, jedoch bedarf es noch viel mehr. Die katholische Kirche hat in Österreich zum Beispiel die Priesterseminare, die aufbauend ans Theologiestudium angedockt sind. Genau das benötigen wir auch in Österreich. Zudem sind während des Studiums interreligiöse Begegnungen und damit der Erwerb von interreligiösen Kompetenzen unabdingbar, da man gerade hier zu Hause eine gute Nachbarschaft pflegen muss. Da es in Österreich bis jetzt keine Imame-Ausbildung gibt, haben sich viele Gemeinden ihre Imame aus Ländern geholt, in denen so eine Ausbildung angeboten wird. Wir haben leider in der Vergangenheit und teilweise noch heute Imame, die der deutschen Sprache nicht mächtig sind und daher den intensiven Kontakt und Austausch mit den Nachbarn vermeiden. Nicht, weil sie prinzipiell gegen den Dialog sind, sondern weil sie die Sprache nicht beherrschen – und das ist natürlich nicht länger tragbar, denn gerade der Dialog und der dadurch entstehende Zusammenhalt in der Gesellschaft ist hier in Österreich wichtiger denn je.

DANIELLE SPERA: Was sind denn so die Themen bei der islamischen Seelsorge?

RAMAZAN DEMIR: Das ist ein breit gefächertes Feld. Das heißt, es gibt in Österreich nicht nur die Gemeindeseelsorge, wo der Imam tätig ist, sondern darüber hinaus gibt es noch die Gefängnis-, die Spital-, die Militär- und die Telefonseelsorge. All diese Bereiche müsste man gesondert analysieren.

DANIELLE SPERA: Mit welchen Fragen kommen die Menschen? Sind das familiäre, sind das politische Fragen?

RAMAZAN DEMIR: Es kommt immer darauf an, wo genau die Seelsorge ansetzt. Das heißt, im Spital beschäftigen sich die Menschen mit dem Sinn des Lebens, mit Trauer und Leid, es geht um Gesundheit und Heilung. Sie wollen seelische Nahrung, also sind die Koranrezitation und Bittgebete hier von großer Bedeutung. Im Gefängnis geht es um Freiheit, um Gottes Barmherzigkeit, die Häftlinge beschäftigen sich mit Fragen wie »Wird Gott mir verzeihen?« oder »Ich habe ein Verbrechen begangen – habe ich noch eine Chance, es wiedergutzumachen?« Da muss der Seelsorger zur Seite stehen und antworten.

DANIELLE SPERA: Was wäre die Antwort?

RAMAZAN DEMIR: Die Antwort ist klar. Selbstverständlich wird Gott dir verzeihen, wenn du Tauba machst, also Reue zeigst. Gott nimmt die Reue des Sünders an, bis zu seinem letzten Atemzug. Denn Allah, also Gott, ist der Allbarmherzige und der Allvergebende. Das Leben des Propheten Josef ist im Zusammenhang mit Schuld und Vergebung für uns sehr wichtig: Wie im Koran festgehalten, wird Josef in verschiedenen Lebensphasen Opfer seiner eifersüchtigen Brüder sowie einer Verleumdung vonseiten einer Person, sitzt zu Unrecht im Gefängnis eine Haftstrafe ab und zeigt vorbildliches Verhalten durch die Vergebung gegenüber allen Verursachern beziehungsweise Verantwortlichen für seine Lage. Gott ist der Allvergebende und will schließlich von uns Menschen ebenfalls, dass wir vergebend handeln. Häftlinge beschäftigen sich stark mit den Phänomenen der Gerechtigkeit und der Geduld. Die Ungeduld ist meist der Beweggrund, warum Menschen in Haft kommen, und wiederum ist Geduld die Eigenschaft, die sie in den Gefängnissen am meisten benötigen. Es gibt auch Fragen in Bezug auf das Zusammenleben, denn jeder ist meist mit einem oder mehreren Häftlingen in einer Zelle, die einer anderen Religion und Kultur angehören. Dies bringt ganz neue Herausforderungen mit sich. Zum Beispiel, wenn Bilder von nackten Frauen im Raum hängen und ein Muslim sein Gebet verrichten möchte. Da taucht die Frage auf: Darf ich in so einem Raum überhaupt beten? Oder ein Justizwachbeamter kommt auf den islamischen Seelsorger zu und bittet um Unterstützung, denn ein Muslim ruft jeden Tag in der Früh, wo alle anderen noch schlafen, laut den Gebetsruf aus und weckt bzw. stört die anderen Häftlinge. Oder: Zum Fastenmonat Ramadan wollen immer wieder so einige muslimische Häftlinge ihre Tabletten nicht einnehmen, die sie vom Arzt verschrieben bekommen haben. Auch hier muss der Seelsorger eingreifen und Aufklärungsarbeit beim Häftling leisten, indem er ihm erklärt, dass die Gesundheit eine Grundvoraussetzung ist, um zu fasten, und dass man im Falle von Krankheit selbstverständlich islamisch gesehen vom Fasten befreit ist.

DANIELLE SPERA: Das ist im Judentum genauso. An den Fasttagen muss man trotzdem darauf achten, dass die Gesundheit nicht beeinträchtigt wird. Das heißt Menschen, die an einer Krankheit leiden, oder Schwangere und Kinder sind ausgenommen. Das Leben ist im Judentum das Kostbarste. Hier fällt allerdings auf, dass es viele Selbstmordattentäter mit islamischem Background gibt. Wie ist das damit zu vereinen, dass das Leben das Kostbarste ist?

RAMAZAN DEMIR: Das Leben ist islamisch gesehen ein Geschenk Gottes, auf das wir achten und das wir schätzen müssen. Hier sind wir wieder beim Punkt des Unterschieds von Religion und Religionsangehörigen. Weil ein Muslim vergewaltigt oder mordet, ist es noch lange nicht islamisch! Wir haben Mörder und Vergewaltiger unter Juden und wir haben Mörder und Vergewaltiger unter Muslimen. Daran ist weder das Judentum noch der Islam Schuld. Genauso wie der jüdische Attentäter, der in der Al-Khalil-Moschee in Palästina zig Muslime beim Gebet erschossen hat, das war ja auch nicht das Judentum. Sowohl Attentate als auch Selbstmordattentate haben selbstverständlich keinen Platz in der Religion. Der Islam sagt klipp und klar: Das Leben gibt allein Gott und das Leben nimmt allein Gott. Leider ist keine Religion davor geschützt, missbraucht zu werden.

DANIELLE SPERA: Wir wollten doch nicht aufrechnen. Aber hier sollte man schon die Relation nicht aus den Augen verlieren, denn hier wird ein Attentat unzähligen anderen gegenübergestellt. Du sprichst den jüdischen Attentäter Baruch Goldstein an, der 1994 in Hebron 29 Palästinenser getötet hat, was eine Katastrophe war und auch von der israelischen Politik als solche bezeichnet wurde. Hebron wäre übrigens eine eigene Diskussion wert. Wir sind aber damit schon wieder mitten in einer Diskussion über den Nahen Osten. Ich wollte eigentlich auf die Rolle der Frauen innerhalb der Religionsausübung eingehen: Dürfen Frauen auch Seelsorgerinnen sein im Islam? Oder die Ehefrauen der Imame Ratgeberinnen? Im Judentum sind Frauen sehr oft in dieser Rolle aktiv, und das wird von den weiblichen Gemeindemitgliedern auch sehr geschätzt, denn viele Fragen erörtern Frauen lieber mit anderen Frauen als mit Männern. Würde deine Frau auch so eine Rolle übernehmen?

RAMAZAN DEMIR: Wir haben mehr weibliche Seelsorgerinnen als männliche in den Spitälern oder in der Telefonseelsorge. In der Militärseelsorge sind nur Männer. In der Gemeindeseelsorge in den Moscheen sind auch Theologinnen und Religionspädagoginnen aktiv, die für die seelsorgerischen Bedürfnisse der Frauen da sind, jedoch muss die Zahl der Theologinnen in den Moscheen noch steigen. Aber es gibt im Mainstream keine Imaminnen.

DANIELLE SPERA: Also so ähnlich wie im Christentum und im orthodoxen Judentum.

RAMAZAN DEMIR: Ja, so ähnlich wie in der katholischen und orthodoxen Kirche im Christentum, denn in der evangelischen Kirche gibt es sehr wohl Pfarrerinnen. In der Gefängnisseelsorge gibt es mehr Männer als Frauen, da hier ca. 95 Prozent aller Inhaftierten Männer sind. Egal ob jüdisch, muslimisch, christlich oder atheistisch, die absolute Mehrheit sind Männer. Das ist übrigens nicht nur in Österreich so, sondern auf der ganzen Welt. Nur fünf Prozent der Gefängnisinsassen sind Frauen, und das sagt viel aus. Wir haben definitiv ein Männerproblem!

DANIELLE SPERA: Frauen sind generell sanftere Wesen.

RAMAZAN DEMIR: Es ist meistens so. Wenn man analysiert, warum diese Männer inhaftiert sind, sehen wir zum Beispiel Gewalt, Kriminalität, Drogenhandel, Diebstahl, Mord und Vergewaltigung. Das gibt es unter allen Religionsangehörigen, egal ob muslimisch, christlich oder jüdisch; Vergewaltigung ist in der Religion verboten, aber es gibt Vergewaltiger unter ihnen, Mord ist in der Religion verboten, aber es gibt Mörder unter ihnen, Diebstahl ist in der Religion verboten, aber es gibt Diebe unter ihnen.

DANIELLE SPERA: Sprechen wir doch über die Rolle der Frau in der islamischen Gesellschaft. Gibt es hier Unterschiede in den Gemeinschaften? Im Judentum haben die Frauen wichtige Funktionen. So wird erstens die Religion durch die Mutter weitergegeben. Jude ist, wer eine jüdische Mutter hat. Jüdische Frauen mussten von jeher lesen und schreiben können, weil sie für die Kaschrut, das koschere Leben verantwortlich sind. Und dann gibt es noch die Gesetze der Familienreinheit. Im Judentum heißt das Taharat HaMischpacha, die Trennung der Ehepaare während der Menstruation der Frau. Das heißt, während der Menstruation und sieben bis zwölf Tage danach ist kein Verkehr erlaubt. Danach gehen die Frauen in die Mikwe, ein Bad, das auch spirituell reinigt.

RAMAZAN DEMIR: Muslim sein ist keine Frage der Abstammung, sondern islamisch gesehen ist jeder Mensch ab dem Moment, wo er auf die Welt kommt, Muslim. Erst durch die eigene Entscheidung wendet er sich möglicherweise einer anderen Religion bzw. keiner Religion zu. Im Islam gibt es keine Erbsünde. Religiös eigenverantwortlich ist man nach unserem Glauben ab der Mündigkeit. Während der Menstruation ist im Islam Geschlechtsverkehr ebenfalls nicht erlaubt. Danach machen die Frauen eine »Ghusl«, eine Ganzkörperwaschung, die allerdings zu Hause oder je nachdem, wo man ist, unter der Dusche vorgenommen wird. Dieser Ghusl ist sowohl für den Mann als auch für die Frau nach dem Geschlechtsverkehr vorzunehmen.

DANIELLE SPERA: Den Begriff der Erbsünde kennen wir im Judentum auch nicht und wir glauben nicht daran, dass jeder Mensch als Muslim geboren ist. Aber zurück zum Reinheitsgebot. Wie ist das mit der körperlichen Trennung in diesen Tagen? Soll man dann getrennt sein? Im orthodoxen Judentum soll man in diesen Nächten möglichst getrennt sein, manche schieben die Betten auseinander.

RAMAZAN DEMIR: Nein, das kennen wir nicht. Körperliche Nähe oder Zärtlichkeiten sind kein Problem, nur der Geschlechtsverkehr ist während der Zeit der Menstruation nicht erlaubt.

DANIELLE SPERA: Wie ist es mit dem Handreichen? Da gibt es unterschiedliche Strömungen, auch im Judentum.

RAMAZAN DEMIR: Wie du weißt, sind die Begrüßungsrituale auf der Welt je nach Kultur und Religion sehr unterschiedlich. Im fernen Osten faltet man die eigenen Hände gegeneinander und beugt sich respektvoll. In Amerika grüßt man sich meistens ohne Handschlag. In Ländern mit islamischer Bevölkerungsmehrheit wird der Körperkontakt aus Respekt vor dem Gegenüber mit dem anderen Geschlecht eher vermieden, und stattdessen legt man die rechte Hand aus Herz. Prinzipiell geben muslimische Männer und Frauen außerhalb der Familie dem anderen Geschlecht nicht die Hand. Hierbei gibt es aber auch Muslime, die es tun, was genauso zu respektieren ist. Ich bin in Europa groß geworden und weiß, dass viele das nicht kennen. Und wenn eine Dame mir die Hand ausstreckt, dann erwidere ich, weil ich glaube, dass die andere Person mir die Hand einfach aufgrund von Unwissenheit ausstreckt. Menschen, die den Hintergrund kennen, strecken mir die Hand nicht entgegen. Diejenigen, die das nicht wissen, stempeln Muslime, die den Handschlag dem anderen Geschlecht gegenüber vermeiden, als radikal ab – was unsinnig ist, denn meist basiert der nicht getätigte Handschlag auf Respekt und nicht auf Missachtung. Ich verstehe aber, dass Menschen, die nur die westeuropäische Welt kennen, das leicht missverstehen können.

DANIELLE SPERA: Ich muss ganz ehrlich sagen, ich kann wirklich nur schwer damit umgehen. Vor allem habe ich die Erfahrung gemacht, dass mir unter anderem auch im jüdischen Umfeld in der Orthodoxie manchmal nicht die Hand gegeben wird. In Europa gehört das Handgeben zur Kultur, es ist zwar eine Kleinigkeit, hat aber schon viel Symbolkraft. Auch in islamisch dominierten Ländern habe ich die Erfahrung gemacht und mich darüber gewundert, dass mir manche Männer dann doch die Hand geben und andere wieder nicht, obwohl man sich im selben Raum befindet.

RAMAZAN DEMIR: Menschen entscheiden halt individuell, wie sie jemanden begrüßen. Meiner Meinung sollte man die unterschiedlichen Sensibilitäten berücksichtigen. Wir sind ja schließlich

Menschen und können kommunizieren und uns darüber austauschen. Da muss man ja nicht direkt etwas Negatives daraus schließen. Eine Ignoranz gegenüber einer anderen Kultur ist auch nicht gerade respektvoll. Ich kenne auch religiöse Juden, die einer Person des anderen Geschlechts aufgrund ihrer religiösen Sensibilität die Hand nicht geben möchten, das ist genauso zu respektieren. Ich war vor kurzem bei einem jüdischen Freund zu Hause und habe bewusst abgewartet, ob mir seine Frau die Hand reicht. Das war nicht der Fall, trotz dessen haben wir einander respektvoll begrüßt. Europa basiert ja nicht nur auf einer Kultur. Zudem habe ich christliche Freunde, die immer zunächst die Handreichung der Frauen abwarten und mir sagen, das gehört sich so.

DANIELLE SPERA: Weil du über Respekt gesprochen hast: Respekt vor Frauen ist auch ein großes Thema, das immer wieder diskutiert wird. An den Schulen werden oft weibliche Lehrkräfte von muslimischen Schülern nicht respektiert, hier kommt es immer wieder zu Problemen. Auch die Väter respektieren die Lehrerinnen oder Direktorinnen nicht.

RAMAZAN DEMIR: Du nennst den Begriff »oft«. Ich bin aufgrund meines Lehrerberufs stetig in Kontakt mit vielen nichtmuslimischen Lehrern und erfahre, dass dieses Phänomen zwar hier und dort vorhanden ist, jedoch eine kleinere Gruppierung darstellt. Dieses respektlose Verhalten ist aber nichts Islamisches, nicht einmal etwas Kulturelles oder Traditionelles. Allein schon, wenn du in die unterschiedlichen Kulturen eintauchst, wirst du sofort sehen, dass der Respekt gegenüber Älteren, Eltern oder Lehrern sehr hoch angepriesen wird. Es ist vielmehr ein Machogehabe, um sich vor anderen in der Klasse zu beweisen. Zudem haben diese Jungs meist keine richtige Erziehung zu Hause genossen. Sie sind oft Kinder aus Familien, die aus bildungsfernen Strukturen stammen, mit Eltern, die ihren eigenen Kindern keine Aufmerksamkeit schenken und sich für sie nur wenig Zeit nehmen. Ich habe für meine Masterarbeit an der Universität Wien Jugendliche und Jungerwachsene in den Gefängnissen Österreichs beforscht. Spannend und überraschend war, dass alle von mir interviewten Häftlinge zwischen 14 und 21 Jahren entweder keinen Vater oder Probleme mit dem Vater zu Hause hatten, sodass sie in die Kriminalität und Radikalität abgedriftet sind. Hier ist es wieder wichtig zu wissen, dass nicht jede Handlung oder Aussage, die ein Muslim vornimmt, einen islamischen Ansatz hat. Wenn aber ein Tschetschene oder ein Syrer irgendetwas tut, was der hiesigen Kultur fremd ist, taucht sofort die Assoziation auf, dass es doch etwas mit dem Islam zu tun habe.

DANIELLE SPERA: Ich berufe mich hier auf Berichte von Pädagoginnen und Pädagogen. Da kommen wir im weitesten Sinn ja auch zu den furchtbarsten Dingen wie Ehrenmord, Zwangsehe oder Genitalverstümmelung – FGM, Female Genital Mutilation.

RAMAZAN DEMIR: Ja es gibt auch unter Muslimen Zwangsehen, Ehrenmorde und FGM. All diese Phänomene sind schrecklich, und der Islam verurteilt solche Taten zutiefst. Die Kultur und die Tradition haben sich in diesen Situationen durchgesetzt. Für die Ehe im Islam ist erst das Einverständnis der Frau vonnöten, damit die Ehe überhaupt geschlossen werden kann. Ich hatte vor Jahren eine afghanische Maturantin, die mir im Vertrauen mitteilte, dass die Eltern sie gegen ihren Willen mit einem Afghanen zwangsverheiraten wollten, weil sie der Auffassung waren, dass er der beste Ehemann für sie sei. Direkt nach der Matura sollte sie ihn heiraten und nach Afghanistan zurückkehren. Wirklich schrecklich. Nach intensiven Gesprächen mit ihr, um sie in ihrer Selbstbestimmung und Entscheidungsfreiheit zu stärken, habe ich auch Kontakt mit den Eltern aufgenommen und mich im Austausch mit ihnen auf zwei Aspekte fokussiert. Zum einen war es wichtig, sie aus religiöser Perspektive aufzuklären und klarzustellen, dass eine Zwangsehe islamisch nicht erlaubt

Gespräch:
Lernen wir einander kennen

ist; dazu habe ich Belege aus dem Koran und Aussagen des Propheten Muhammad angeführt. Zum anderen habe ich die rechtliche Dimension in Österreich dargestellt. Der Vater agierte nicht wegen dem Islam, sondern aufgrund eigener Bedürfnisse. Heute bin ich glücklich, dass sie eine starke Persönlichkeit geworden ist und nach ihrem Studium erfolgreich ihrem Beruf in Wien nachgeht.
Ehrenmorde sind Verbrechen, die damit begründet werden, die Ehre der Familie »wiederherstellen« zu wollen, obwohl solche Taten aus emotionalen Gründen wie Eifersucht und Hass vollzogen werden. Unter dem Vorwand der Ehre werden hier Menschenleben ausgelöscht. Die Aussage, dass die ganze Familie durch die Handlung eines Einzelnen »beschmutzt« werde, stimmt mit dem Islam nicht überein, da jeder Mensch selbst für seine Handlungen verantwortlich ist.
Eines meiner Role Models ist Rüdiger Nehberg, der leider schon verstorben ist, ein Atheist, der jedoch respektvoll und nicht pauschalisierend mit Religion und den jeweiligen Religionsanhängern umging, obwohl er persönlich mit Religion nichts am Hut hatte. Er hat von FGM in Nordafrika erfahren und beschlossen, er müsse etwas dagegen tun. Er hat nicht wie so manch andere einfach verallgemeinert, die Problematik in der Religion gesehen und alle Muslime zur Verantwortung gezogen, son-

dern hat mit Imamen und Theologen gemeinsam eine Schrift herausgegeben, worauf mithilfe von Koranversen und Aussagen des Propheten Muhammad FGM als unislamisch deklariert wird. Hierbei hat er sich auch von Wiener Imamen Unterstützung geholt. Übrigens sind zehn Prozent derjenigen, die in Nordafrika FGM ausüben, Christen. Rüdiger Nehberg ist mit Imamen gemeinsam von Dorf zu Dorf gewandert und hat Aufklärungsarbeit geleistet. Und er hat dafür gesorgt, dass die Zahl derjenigen, die diese Gräueltaten begehen, zurückgegangen ist. Rüdiger Nehberg ist ein Vorzeigebeispiel. Er hat eine Religionsgruppe nicht stigmatisiert und mit dem Finger auf sie gezeigt, sondern erkannt, dass man nur in Zusammenarbeit die Probleme grundlegend beseitigen kann.

DANIELLE SPERA: Bleiben wir jetzt beim Thema Ehrenmorde, wo ja immer wieder in den Familien Mädchen von ihren eigenen Brüdern ermordet werden. Übrigens auch unter den zwei Millionen Muslimen, die in Israel leben. Wie ist das möglich? Wir leben hier schließlich in einer anderen, in einer offenen Kultur, hier dürfen Mädchen auch ausgehen und sich mit fremden Burschen unterhalten.

RAMAZAN DEMIR: Dazu kann ich nur antworten: Hast du nicht auch schon oft über solche schrecklichen Ereignisse in österreichischen Familien gelesen? Nur heißen sie da Familiendrama oder

Familientragödie und nicht Ehrenmord. Und da steht im Zeitungsartikel nicht, dass der Mörder Christ oder Hindu ist, da steht verkürzt der Name mit einem Punkt am Ende. Wenn es ein Herbert oder ein Manfred ist, dann ist es lediglich ein Familiendrama. Ist der Mörder jedoch ein Hasan oder Hüseyin, dann ist es ein Ehrenmord, und es steht oft in der Tageszeitung als Begleitung »Muslim« daneben. Genau das sorgt dafür, dass viele Leser die Assoziation bekommen, dass eine solche Tat islamisch sei. Es kann sogar sein, dass Hasan oder Hüseyin nichts mit dem Islam zu tun haben. Ich sehe einfach, dass es in allen Gesellschaften dieses Phänomen gibt und dass der Mann das Problem ist. Es ist zutiefst zu verurteilen, es ist unmenschlich und unreligiös! Die Einstellung, Tradition und seelische Gesundheit des Mannes ist hierbei das Problem! Mord kann nämlich nie etwas mit Ehre zu tun haben, daher ist das ein Begriff, den ich ablehne und den es im Islam natürlich in keiner Weise gibt.

DANIELLE SPERA: Aber da kommt wieder das Thema auf, wie im muslimischen Umfeld mit Frauen umgegangen wird. Stichwort Schamlosigkeit. Im Koran steht: »Doch die Männer haben gegenüber den Frauen einen Vorzug.« (2:228).

RAMAZAN DEMIR: Es gibt im Koran in der Ethik und Morallehre keinen Aspekt, der für die Frau gilt, aber nicht für den Mann. Ich rede vom Islam und nicht von Muslimen. Ich habe als Seelsorger viel Zeit in den Gefängnissen verbracht und weiß, dass die Muslime nicht in Haft sind, weil sie dem Islam folgen, sondern weil sie kriminell waren. Das muss man sehen. Und ja, es gibt leider auch in dieser Gesellschaft, übrigens nicht nur bei Muslimen, Männer, die ihre Frauen unterdrücken. Islamisch gesehen sind sowohl der Mann als auch die Frau vor Gott gleich. Aber so manche Männer wollen das einfach nicht wahrhaben. Und das ist furchtbar! Die geringe Bildung und der starke Einfluss der Tradition führen zu der Verbreitung der Ansicht, dass der Mann einen höheren Stellenwert als die Frau besitzt. Das ist jedoch Schwachsinn. Wir haben auch in Österreich zahlreiche Theologinnen und Religionspädagoginnen, die all die Koranverse und Hadithe analysieren. Zum Beispiel der eben von dir genannte Koranvers: »Doch die Männer haben gegenüber den Frauen einen gewissen Vorzug.« Wenn wir hier nur diesen Koranvers sehen und den vorigen und den nachstehenden Vers ignorieren, können wir schnell zur Annahme kommen, dass der Mann gegenüber der Frau einen Vorzug hat. Wenn wir aber den Koran kontextbezogen lesen, erkennen wir sofort, dass es hierbei um die Scheidung geht. Im Islam gibt es nämlich das Recht, sich scheiden zu lassen. Hier geht es konkret um die geschiedenen Männer und ihre ehemaligen Frauen. Frauen sollen nämlich nach einer Scheidung drei Menstruationszyklen abwarten, bevor sie eine neue Ehe eingehen (unter anderem aufgrund der Schwangerschaftsfeststellung). Genau aus diesem Grund kann man nicht ableiten, dass Männer einen Vorzug gegenüber Frauen haben. Hier sehen wir nochmals, wie wichtig es ist, den Koran kontextorientiert zu lesen, dies gilt natürlich für alle Bücher der Welt. Ansonsten kann man sehr viel missverstehen und fehlinterpretieren, was leider immer wieder zu sehen ist. Vieles ist aber nicht mal das, sondern Kultur und Tradition. Ich bin überhaupt der Meinung, dass Frauenthemen nicht von Männern, sondern von Frauen besprochen gehören. Nicht einen Ramazan Demir sollte man fragen, sondern die zahlreichen muslimischen Theologinnen und Religionspädagoginnen im Lande.

DANIELLE SPERA: Da sind wir aber dann gleich bei der Scharia und nicht beim weltlichen Recht.

RAMAZAN DEMIR: Für die Extremisten heißt Scharia Kopfabhacken, Handabhacken, und Steinigen. Für sie ist Scharia eine Herrschaftsform, welche in Stein gemeißelt ist und keinen dynamischen Prozess erlaubt, was jedoch eindeutig falsch ist. Scharia ist eine Lebensweise und keine Herrschaftsform. Scharia ist auch kein Gesetzbuch, das man beim nächsten Buchladen erwerben kann. Scharia ist der Weg, um Gottes Wohlgefallen zu erlangen. Scharia ist die friedliche Lebensweise nach Koran und Sunna. Nach islamischem Verständnis erlangt man Gottes Wohlgefallen durch mehrerlei Dinge: indem man Gutes tut und den von Gott auferlegten Geboten nachgeht. Indem man ein guter Mensch ist und gute Charaktereigenschaften vorweist. Indem man die Glaubensgrundsätze verinnerlicht. Und kann auch jemand, der nicht allen Aspekten nachgeht, Gottes Wohlgefallen erlangen? Diese Antwort obliegt nur Gott allein. Dem Menschen steht es nicht zu, Richter zu spielen. Die Extremisten tun jedoch genau das.

DANIELLE SPERA: Und wie stehen Muslime zur Demokratie?

RAMAZAN DEMIR: Die Extremisten wollen keine Demokratie, sondern Diktatur. Für sie ist Demokratie Teufelswerk. Sie behaupten und glauben, dass ein Muslim nicht in einer Demokratie zu Hause ist. Islamisch gesehen ist jedoch eindeutig klar, dass Demokratie und Islam miteinander vereinbar sind. In einer Staatsform, wo die Religionsfreiheit gewährleistet wird, wo keiner gezwungen wird, seine Religion aufzugeben, wo keiner gezwungen wird, religiöse Bedürfnisse wie die Kopfbedeckung aufzugeben, hat der Islam kein Problem mit der Demokratie. Islamisch gesehen müssen Minderheitsrechte geschützt und die

> Gespräch:
> Lernen wir einander kennen

Wahrung von Werten und Rechten gewährleistet werden, sodass jeder in Freiheit leben kann. Und das tun wir in Österreich. Der Koran schreibt den Muslimen keine bestimmte Staatsform vor und ist keine Verfassung, im Koran sind Prinzipien eines »gerechten« Systems mit Berücksichtigung der Rechte auf die Freiheit aller Menschen abzuleiten. Daher ist die Demokratie, in der ein Muslim seine Religion frei ausleben kann, die beste Staatsform, die mir bekannt ist. Gott sei Dank lebe ich in einer Demokratie.

DANIELLE SPERA: Wie kannst du dir dann erklären, dass sich fast alle Terrororganisationen der Welt auf den Islam berufen? Man hört immer wieder auch die Geschichte, dass Terroristen oder Märtyrer, wie sie sich selbst bezeichnen, eine Menge Jungfrauen im Paradies als »Lohn« erhalten sollen.

RAMAZAN DEMIR: Schaue dir die Welt an und siehe, dass gerade an Orten, wo Krieg herrscht, die Religion von Terrororganisationen missbraucht wird. Und wenn du analysierst, wo denn heute überall Kriege aufgrund von Öl, Macht, Land oder Politik herrschen, erkennst du, dass auch viele muslimisch geprägte Länder leider davon betroffen sind. Und auch unter den anderen Religionsanhängern gibt es Terroristen. Siehe die Lord's Resistance Army in Uganda, eine terroristische christliche paramilitärische Gruppe, die für die Errichtung eines Gottesstaats kämpfte. Oder siehe die Lechi, eine radikale jüdische paramilitärische Organisation, die Anschläge im britischen Mandatsgebiet Palästina durchführte bzw. in jüngerer Zeit die militante Kach-Bewegung des berüchtigten Meir Kahane, der in den 80er-Jahren in den USA und im Staat Israel mehrfach rechtskräftig als Terrorist verurteilt wurde und bis heute von den nationalreligiösen Extremisten in Israel als großes Vorbild verehrt wird. Siehe die IRA in Nordirland, den Ku-Klux-Clan in den USA, die Khalistan Zindabad Force in Indien und viele weitere. Wir sind also wieder beim Punkt, dass man jede Religion für seine eigenen schrägen Zwecke missbrauchen kann. Davon ist leider der Islam nicht ausgenommen. Was mir aber große Sorgen bereitet, ist, dass die Menschen, die den Islam missbrauchen, dieselbe Sprache verwenden, wie Menschen, die den Islam hassen. Beide Gruppen wollen, dass die Muslime, die den Islam friedlich ausleben, die Deutungshoheit über ihre eigene Religion verlieren und Begrifflichkeiten und Thematiken im Islam wie zum Beispiel Dschihad, Scharia oder Märtyrertum nur so interpretieren, wie sie es verstehen wollen. Jedoch möchte ich mich als Muslim dem Extremismus unter Muslimen widmen und Präventionsarbeit leisten, was ich ja seit Jahren tue. Diesen Fanatikern muss man immer vor Augen halten, dass der

Mensch nicht in die Herzen der anderen Menschen schauen kann und allein Gott die Menschen zur Rechenschaft ziehen wird. Wer am Ende ins Paradies gelangt und wer nicht, entscheidet allein Gott. Im Paradies bekommst du dann schließlich, so glaube ich auch nach christlichen und jüdischen Überlieferungen, alles, was dein Herz begehrt.

DANIELLE SPERA: Weil du gerade Meir Kahane erwähnst – das ist eben der Unterschied: In Israel werden Juden, die Gewalt ausüben, vor Gericht gestellt und kommen ins Gefängnis. Israel ist eine Demokratie und ahndet Verbrechen. Wir glauben auch an das Paradies, doch wir Juden verlassen uns nicht darauf, sondern versuchen, jeden Tag so zu leben und das Leben so zu schätzen, als ob wir schon im Paradies wären.

RAMAZAN DEMIR: Wir sind überzeugt, dass es ein Paradies im Jenseits gibt, aber wir verlassen uns nicht darauf, ob wir in dieses eintreten, und bemühen uns, ein Leben zu führen, in dem wir Gutes tun, Schlechtes vermeiden und Gott näherkommen – das ist unser Ziel. Schließlich ist die endgültige Gerechtigkeit bei Gott und er wird alle, die Gewalt ausüben und ungerecht handeln, zur Rechenschaft ziehen.

DANIELLE SPERA: Wir glauben auch an den Garten Eden. Aber man soll sein Leben genauso leben, dass man alles wertschätzt, was man hat. Im Koran stehen viele Dinge, die sehr brutal klingen. Hier braucht es viele Erklärungen und eigentlich Neuinterpretationen. Die Schamlosigkeit der Frauen, die dann getötet werden sollen, oder es werden auch das Händeabhacken und weitere sehr dramatische Strafen erwähnt. Das muss man ja unbedingt ansprechen.

RAMAZAN DEMIR: Natürlich braucht es hier Erläuterungen, es ist immer und überall wichtig, den Kontext zu kennen. Genauso, wie in der Tora, so stehen auch im Koran Dinge, die brutal klingen. Es sind sehr viele Erzählungen von unterschiedlichen Völkern und Ereignissen und des damaligen Rechtsystems, die damals vor Jahrhunderten in den Zeiten Mose, Jesu und Muhammads existierten. Allein der jüngste Prophet hat im 7. Jahrhundert gelebt – jetzt versuche, zurückzugehen in diese Zeit, dann wird dir so einiges klarer. Denn alle Propheten waren Reformer ihrer eigenen Zeit, und Muhammad hat zu seiner Zeit Reformen gebracht, die nach einigen Generationen bei manchen Muslimen steckengeblieben sind. Bei anderen Muslimen wiederum, siehe die sogenannte Blütezeit in Andalusien, also Spanien, haben sie gemeinsam mit Juden durch neue wissenschaftliche Erkenntnisse das heutige Europa stark geprägt, vorangebracht und zivilisiert. Das sollten vor allem diejenigen wissen, die immer wieder versuchen,

Europa als nur christlich-jüdisch darzustellen und neben dem damaligen Spanien auch das heutige Bosnien, Albanien und Mazedonien übersehen. Genau deswegen ist das kritisch-analytische Denken so wichtig. Koranpassagen herauspicken, aus dem Kontext entreißen und je nach Belieben zu präsentieren ist die Methode der Extremisten und wie schon gesagt auch der Islamophoben und Islamhasser, mit der sie versuchen, Menschen zu manipulieren. Man muss den genauen Kontext kennen. Dazu schreibe ich ein eigenes Buch: *Irrtümer der Extremisten*. Ich möchte es auch deswegen schreiben, um die muslimischen Jugendlichen zu erreichen, die es vor Hasspredigern und Falschinformationen im Netz schützen soll.

DANIELLE SPERA: Wenn wir jetzt schon bei dem Thema Zwang sind, fällt mir die Diskussion ein, dass manche muslimische Mädchen nicht zum Schwimmunterricht gehen dürfen, das heißt sie werden gezwungen, zu Hause zu bleiben.

RAMAZAN DEMIR: Das geht nicht. Warum? Weil sowohl das Schulsystem als auch der Islam hier dazwischenfunkt. Denn islamisch gesehen kann das Mädchen einen Ganzkörperbadeanzug tragen. Damit können ja Musliminnen, die eine Kopfbedeckung haben, schwimmen gehen, deswegen ist es kein Widerspruch, dass das Mädchen zum Schwimmunterricht geht.

DANIELLE SPERA: Also Schwimmen ja, aber nur mit Burkini?

RAMAZAN DEMIR: Mit welcher Badebekleidung sie schwimmen möchte, sollte sie selbst entscheiden. Wenn eine Schülerin einen Ganzkörperbadeanzug anziehen möchte, ist es ihre Sache, und wenn sie einen Bikini anziehen möchte, ist es genauso ihre Sache. Wichtig ist es hierbei, den Schwimmunterricht zu besuchen. Mir sagte mal eine jüdische Frau in einem Gespräch, es gehöre sich so, dass jüdische Schüler in eine jüdische Schule gehen sollten, wie ist denn dort der Schwimmunterricht geregelt? Gehen Jungs und Mädchen gemeinsam schwimmen? Es geht ja nicht nur um das Schwimmen, es gibt auch so einige Situationen, wo Schüler im Zeichenunterricht nicht mitmachen wollen, weil sie kein Gesicht oder keinen Körper darstellen wollen. Ich weiß nicht, ob es im Judentum auch so ist. Dann unterstützen die islamischen Religionslehrerinnen an Schulen, die mit den jeweiligen Schülern sprechen und dringende Aufklärungsarbeit leisten.

DANIELLE SPERA: Jüdische Kinder und Jugendliche gehen in die verschiedensten, nicht nur in jüdische Schulen, allerdings ist es derzeit so, dass die jüdischen Schulen sehr großen Zulauf haben, da junge Jüdinnen und Juden in den öffentlichen Schulen massiv mit Antisemitismus, mit einem unfassbaren Hass konfrontiert werden. Aber zu deiner Frage: Es gibt großartige jüdische Sportvereine, zum Beispiel die Hakoah. In diesem Schwimmverein und bei anderen Sportarten sind Mädchen und Burschen gleichermaßen und gemeinsam aktiv. In orthodoxen jüdischen Schulen gibt es getrennten Schwimmunterricht. Das Ablehnen des Zeichenunterrichts, von dem du sprichst, hat wohl mit dem Bilderverbot zu tun.

RAMAZAN DEMIR: Hier gibt es eine kleine Gruppe von Muslimen, die das Bilderverbot universell sieht und glaubt, dass etwas zu zeichnen nur dem Schöpfer obliegt. Schließlich ist es uns nur verboten in Richtung einer Statue oder eines Menschenbildes zu beten, daher sehen wir in keiner Moschee in Gebetsrichtung Bilder von Menschen oder Tieren. Der Götzendienst hat seinen Anfang in der Zeit des Propheten Noahs. Aber wie kam es dazu? Es wird nämlich berichtet, dass zu dieser Zeit ein besonderer Mensch, der vielen geholfen hatte und großzügig war, eines Tages starb. Die Menschen trauerten und wollten, dass diese Person nie in Vergessenheit gerät. Somit wurde eine Statue von ihm an seinem Lebensort errichtet. Immer, wenn sie an der Statue vorbeikamen, blieben sie eine Weile stehen und gedachten ihm. So weit ist ja auch nichts Schlimmes dabei. Die Kinder waren mit ihnen dort und sahen das. Von Generation zu Generation konnte man dann nicht differenzieren, ob man die Statue anbetet oder dem Menschen gedenkt. Schlussendlich wurde die Statue als etwas Besonderes gesehen, das entweder direkt angebetet oder als Mittler zwischen Gott und Mensch verstanden wurde. Daraus entstand dann der Götzendienst.

DANIELLE SPERA: Auch im Judentum heißt es, dass man sich kein Bild machen darf. Das ist eines der zehn Gebote. Daher findet man in Synagogen auch keine Abbildungen, und das ist einer der Gründe dafür, dass es eigentlich für Juden erlaubt ist, in eine Moschee zu gehen, aber nicht in eine Kirche. Der Islam hat eine ähnliche Gottesvorstellung wie das Judentum und sieht von jeglicher menschlicher Gestaltung Gottes ab, wie es im Christentum immanent ist.

RAMAZAN DEMIR: Im Islam ist das Betreten der Kirche erlaubt mit dem Wissen, dass die Abbildungen den islamischen Vorstellungen nicht entsprechen. Ich dürfte sogar in der Kirche beten, jedoch nicht vor einem Bild oder einer Statue.

DANIELLE SPERA: Im Judentum gibt es viele festgeschriebene Regeln, 613 Gebote und Verbote. Darüber hinaus gibt es Bräuche, die sich durch Rabbiner etabliert haben, sogenannte Minhagim. Wichtig ist aber auch festzuhalten, dass das Judentum keine missionarische Religion ist, daher ist es eine vergleichsweise winzige Gemeinschaft geblie-

Gespräch:
Lernen wir einander kennen

ben: 15 Millionen Jüdinnen und Juden im Vergleich zu zwei Milliarden Musliminnen und Muslimen auf der Welt. Zudem wachsen die jüdischen Gemeinden fast nicht, ausgenommen vielleicht die orthodoxen Gruppen, daher haben sie vor allem in Israel viel Durchsetzungskraft. Im Islam ist das ja genauso, nur in wesentlich größerem Ausmaß, da es zwei Milliarden Muslime gibt. Und da gibt es die radikalen Gruppen, die im besten Fall demonstrieren und im schlimmsten Fall Anschläge verüben. Wenn man die Demonstrationen für die Errichtung eines Kalifats in Deutschland sieht, dann macht das Angst, auch wenn es nur wenige Tausend sind – deren Rhetorik und der martialische Auftritt. Und das hat zur Folge, dass viele Jugendliche sich davon beeindrucken lassen und das sehr cool finden. Gleichzeitig fragt man sich, wieso sich junge Menschen, die in Freiheit und in einer Demokratie leben, Autorität und Unterdrückung durch ein Kalifat wünschen können. Da sagen viele, wenn man sich so ein Regime herbeiwünscht, dann sollte man vielleicht direkt in eines der zahlreichen Länder übersiedeln, wo solche Strukturen vorherrschen.

RAMAZAN DEMIR: Ja, das ist tatsächlich schlimm. Welches Rezept gibt es aber dagegen? Wenn man Angst hat, kann man das nur durch Begegnungen beseitigen. Und wenn man die Begegnung mit den muslimischen Nachbarn sucht, wird man schnell erkennen, dass sie hier in einer Demokratie gerne zu Hause sind. Wie viel Prozent machen die Kalifatsdemonstranten unter allen Muslimen aus? Das ist eine kleine Minderheit unter den fast 900 000 Muslimen, die in Österreich leben. Und wo gibt es am meisten Angst vor Muslimen? Dort, wo es keine Muslime gibt. Diese Angst ist gefährlich, weil sie zu Hass und Feindseligkeit führen kann. Wir haben in der Vergangenheit gesehen, was Hass anrichten kann. Deswegen müssen wir Hand in Hand unser Bestes geben, dass die Angst und damit der Hass nicht weiterverbreitet werden. Nicht nur in der jüdischen Community, sondern vor allem in der Mehrheitsgesellschaft muss Aufklärungsarbeit geleistet werden. Ich versuche das auch in meiner Funktion als Dozent an der Hochschule und an der Universität. Du kannst dir nicht vorstellen, wie viele Aha-Effekte im Gespräch mit den Studierenden passieren. Das sind meist Studenten, die bis dato mit keinem Muslim persönlich in Kontakt waren. Sie erkennen alle während des Seminars, dass sie bis dato nur Halbwissen und Falschwissen über den Islam besaßen und dass es gut tut, mit einem fachkundigen Muslim zu sprechen. Was aber meistens in den Zeitungen steht, was wir meistens in den Medien sehen, verstärkt die negativen Ereignisse. Bad News sind die interessantesten News, sagte mir mal ein Journalist. Das gilt übrigens nicht nur für Österreich, sondern für die gesamte Welt. Aber wir sollten die Good News transportieren. Die absolute Mehrheit der Muslime weltweit, aber auch in Österreich, ist friedlich. Gleichzeitig muss in der muslimischen Community sehr viel Präventionsarbeit geleistet werden, damit wir unsere Jugendlichen nicht an irgendwelche selbsternannten Supermuslime verlieren, die vor einigen Jahren zum Islam konvertiert sind, um im Netz zu predigen, ohne den Islam studiert und verstanden zu haben.

DANIELLE SPERA: Hier wird auch immer wieder auf die Gefahr von Parallelgesellschaften aufmerksam gemacht. Auch darauf, dass vielleicht nicht überschaubar ist, was in den vielen verschiedenen Moscheen und Gebetsvereinen vor sich geht. Es wird dort in Predigten auch zu Gewalt aufgerufen. Das sollte ein No-Go sein. Im Christentum und im Judentum ist klar, was im Gottesdienst gepredigt wird. Da hat man durch die Tora und das Evangelium im Jahreskreislauf immer die Themen vorgegeben. Die Tora ist chronologisch aufgebaut – von der Erschaffung der Welt angefangen. Jeder Rabbiner auf der Welt weiß jede Woche, was in der Synagoge verlesen wird. Es gibt den Jahreskreislauf und am Ende fängt man von vorne an. Der Koran kennt das nicht.

RAMAZAN DEMIR: Ist das für die Gemeinde nicht langweilig, wenn Jahr für Jahr dasselbe gepredigt wird?

DANIELLE SPERA: Überhaupt nicht. Man lernt jedes Mal etwas Neues daraus, denn es wird versucht, alles aus dem aktuellen, dem heutigen Kontext zu betrachten.

RAMAZAN DEMIR: Der heutige Kontext macht es natürlich spannend. In unseren Predigten ist es genauso. Ein gedanklicher Transfer, ein Bogen zur heutigen Zeit wird selbstverständlich geschlagen. Dass aber Imame zu Gewalt aufrufen, ist ohne Wenn und Aber ein No-Go, und diese haben keinen Platz in unseren Reihen! Ich verurteile das, übrigens tut das auch die Islamische Glaubensgemeinschaft in Österreich. Diese schwarzen Schafe dürfen aber nicht dafür sorgen, dass wir die überwiegende Mehrheit der Imame in Österreich jetzt ebenso abstempeln. Das wäre unsinnig.

DANIELLE SPERA: Aber es gibt sie, und das ist gefährlich.

RAMAZAN DEMIR: Schwarze Schafe gibt es leider überall. Unter Imamen genauso wie unter Rabbinern und Priestern. Wenn ein Imam zu Gewalt aufruft, hat er nichts in einem Gebetshaus zu suchen! Der Präsident der Islamischen Glaubensgemeinschaft in Österreich hat klar und deutlich festgehalten, dass in so einem Falle der Imam mit sofortiger

Gespräch:
Lernen wir einander kennen

Wirkung entlassen wird. Wir leben zudem in einem Rechtsstaat, wo selbstverständlich sofort die Justiz eingreifen würde. Schließlich sind die Moscheen der Islamischen Glaubensgemeinschaft von staatlichen Behörden zugelassen. Auch gab es Fälle, wo Muslime auf mich zukamen und sagten: »Warum führst du überhaupt Dialoge mit diesen christlichen Priestern? Viele von denen haben kleine Kinder missbraucht!« Ich habe sie sofort unterbrochen und zwei Dinge klargestellt: 1. Auch wenn mehrere Priester in diese Skandale verwickelt waren, ist es eine kleine Gruppierung unter der Vielzahl an Priestern, deswegen dürfen wir niemals verallgemeinern und pauschalisieren, denn die Mehrheit der Priester ist absolut in Ordnung. 2. Nur, weil Priester diese Verbrechen begangen haben, heißt es lange nicht, dass dies das Christentum repräsentiert. Das Christentum legitimiert niemals Missbrauch und Gewalt. Genauso, wie ich mich damals für die christlichen Geschwister eingesetzt habe, erwarte ich mir eine Differenzierung von der Mehrheitsgesellschaft. Wenn verallgemeinert wird, stigmatisiert wird, Angst und Hass geschürt wird, erwarte ich mir von meinen Mitmenschen Mut, aufzustehen und etwas dagegen zu sagen. Denn durch unser Schweigen hört man die Angstmacher und Hassschürer noch lauter.

DANIELLE SPERA: Es geht hier nicht um Verallgemeinern, sondern darum, dass schon ein Imam, der zu Gewalt aufruft, einer zu viel ist. Wie steht es mit der deutschen Sprache der Imame?

RAMAZAN DEMIR: Wie schon erwähnt: Wenn ein Imam zu Gewalt aufruft, hat er nichts in einem Gebetshaus verloren! Mittlerweile gibt es in den meisten österreichischen Moscheen bei den Predigten auch einen Teil, der auf Deutsch abgehalten wird. Trotzdem ist das viel zu wenig, wie ich finde. Und deswegen benötigen wir eine eigene Etablierung der Imameausbildung in Österreich. Dann können wir die Imame, die hier aufgewachsen sind, auch in den Moscheen einsetzen. Ich kenne mittlerweile in meinem Umfeld mindestens zehn Imame, die hier aufgewachsen sind, Theologie im Ausland studiert haben und jetzt in österreichischen Moscheen als Imame tätig sind. Die Rückmeldungen sind sehr positiv, da sie auch zweisprachig sind, denn die heutige Jugend ist eher in der deutschen Sprache zu Hause, und diese Imame sprechen sowohl Deutsch als auch die Jugendsprache und können bei ihnen andocken. Zugleich kommen sie auch bei den älteren Gemeindemitgliedern gut an, da die Imame ihre Muttersprache beherrschen. Deswegen sind die Predigten in unterschiedlichen Sprachen wichtig.

DANIELLE SPERA: Gibt es hier genug junge Männer, die dazu fähig sind, Imame zu werden und auch hier in Frieden leben wollen?

Gespräch:
Lernen wir einander kennen

RAMAZAN DEMIR: Und auch hier in Frieden leben wollen? Ich bin schockiert über diese Fragestellung, aber sie zeigt, wie wichtig es ist, dass wir diesen Dialog führen. Ja, sicherlich. Es gibt über 350 Moscheen österreichweit, über 100 davon in Wien. Ich glaube an ein duales System für die Zukunft. Wir haben eine Generation der Älteren, also die erste Generation, die hier gearbeitet haben, jetzt in Pension sind, die der deutschen Sprache nicht so mächtig sind. Sie wollen in der Moschee die Predigt verstehen und Spiritualität erfahren.

DANIELLE SPERA: Diese Generation ist ja schon in den 1960er- und 70er-Jahren hierhergekommen, kann aber noch immer nicht gut Deutsch.

RAMAZAN DEMIR: Diese erste Generation der sogenannten »Gastarbeiter« ist seinerzeit gekommen, weil man sie in Österreich gebraucht hat, und hatte vor, wieder nach einigen Jahren zurückzukehren. Auch der Staat hatte damals nicht damit gerechnet, dass sie länger bleiben würden, und deswegen stand das Erlernen der deutschen Sprache nicht im Vordergrund. Schließlich hat man die sogenannten Gastarbeiter doch weiterhin gebraucht und sie sind geblieben. Mit anderen Gastarbeitern zusammen, die wiederum kein Deutsch sprachen, sind sie harter körperlicher Arbeit nachgegangen. Daher haben sie zu dieser Zeit nicht viel Deutsch lernen können – und an deutschen Sprachkenntnissen dieser Menschen hatte damals auch kaum ein Verantwortlicher der Mehrheitsgesellschaft Interesse. Diese Generation lebt jetzt auch hier mit uns und möchte in den Moscheen den Imam verstehen. Deswegen bin ich zutiefst davon überzeugt, dass auch eine türkische, eine bosnische oder eine arabische Predigt wichtig ist, dass man auch in dieser Sprache predigen sollte. Ich denke also an dieses duale System, denn zweisprachige Imame sind wichtig und vonnöten.

DANIELLE SPERA: Das ist ein guter Weg. Ich würde jetzt noch gern wissen, wer die Themen für die Vorträge bzw. Predigten in der Moschee vorgibt. In islamisch dominierten Ländern ist das meist das zuständige Ministerium bzw. die Religionsbehörde. Wie ist das in Österreich?

RAMAZAN DEMIR: Wir haben Kultusgemeinden in Österreich, und diese schicken Freitagspredigten aus, die dann in den Moscheen vorgetragen werden. Das trockene Vorlesen bzw. Vortragen kommt allerdings bei den Gemeindemitgliedern nicht immer gut an. Andere Kultusgemeinden wiederum geben ein Thema vor, zu dem dann der jeweilige Imam frei erzählend predigt. Dadurch holt man die Menschen besser ab. Es gibt ja verschiedene Kultusgemeinden, wie die albanischen, arabischen, asiatischen, türkischen, bosnischen Kultusgemein-

> Gespräch:
> Lernen wir einander kennen

den, die wiederum der Islamischen Glaubensgemeinschaft untergeordnet sind.

DANIELLE SPERA: Kennt man diese Gemeinden, das heißt weiß man, ob die Predigten dort nicht vielleicht auch Gewalt verherrlichen?

RAMAZAN DEMIR: Hier muss man trennen zwischen Hinterhofräumlichkeiten, wo eine kleine Gruppe selbsternannter Prediger fungiert, und im Gegensatz dazu den offiziellen Moscheen der Islamischen Glaubensgemeinschaft. Derzeit gehören 350 Moscheen der Islamischen Glaubensgemeinschaft an. Die Kultusgemeinden der IGGÖ sind alle vom österreichischen Staat bestätigt und zugelassen.

DANIELLE SPERA: Da spürt man wieder den Unterschied. Es gibt knapp 8000 Jüdinnen und Juden (Mitglieder der israelitischen Kultusgemeinde) in Österreich, aber mehr als 900 000 Muslime. Aber zurück zu den Predigten, es gibt also keine große Vorgabe, sondern es könnte im Prinzip jeder predigen, was er will.

RAMAZAN DEMIR: Es gibt natürlich Vorgaben, aber jeder hat die Freiheit, es so zu gestalten, wie er will – sofern er die dazu nötigen Grundkenntnisse der religiösen Lehre hat, so wie eben schon geschildert.

DANIELLE SPERA: Womit haben die Predigten zu tun, mit welchen Themen befasst man sich?

RAMAZAN DEMIR: Je nach Zeit und Tag ist es unterschiedlich. Im Monat Ramadan zum Beispiel sind das oft Themen wie der Sinn des Fastens oder die Bedeutung des Korans. In der Zeit vor dem Opferfest geht es meist um den Propheten Abraham und seine Gottergebenheit oder die Bedeutung der drei heiligen Stätten, die im Koran erwähnt werden: Die Kaaba in Mekka, die Prophetenmoschee in Medina und die Aksa-Moschee in Jerusalem. Es ist wichtig, lebendige Themen auszuwählen, die die Gemeindemitglieder abholen. In den letzten beiden Predigten in der Moschee, zu denen ich anwesend war, ging es um Hilfsbereitschaft und die Bedeutung der guten Nachbarschaft. In den Predigten geht es auch sehr stark um zwischenmenschliche Beziehungen, um die Charakterreinheit, um Glaube, um Gebote, um die Unterstützung der Gesellschaft, in der man lebt.

DANIELLE SPERA: Nachdem der Koran keine Chronologie hat, wie läuft das dann ab?

RAMAZAN DEMIR: Suren im Koran sind nicht nach der Chronologie der Hinabsendung geordnet, sondern nach der Vorgabe vom Engel Gabriel an den Propheten Muhammad. Der Koran umfasst 114 Kapitel, die Suren genannt werden, und Koranpassagen, die auch als Ayat bekannt sind. Der Koran hat Inhalte wie die Glaubensgrundsätze, ethische Wertevermittlung, Grundprinzipien für das Zusammenleben, Informationen zum Schöpfer und vieles mehr. Das heißt: Der Imam, der an der Kultusgemeinde angedockt ist, bekommt entweder das Thema der Predigt oder die Predigt selbst zugeschickt. Das ist je nach Kultusgemeinde unterschiedlich.

DANIELLE SPERA: Das bringt mich auch zum Thema Loyalität gegenüber der Heimat, gegenüber dem Staat, in dem ich lebe, der mich aufgenommen hat. Im Judentum gibt es in den Gebetbüchern Gebete für das Heimatland, also hier zum Beispiel ein Gebet für die Republik Österreich und deren Regierung. In den alten Gebetbüchern aus der Monarchie gab es ein Gebet für den Kaiser. Ich war in Australien in einer Synagoge beim Gottesdienst, und dort hat man damals ein Gebet für die Queen gesprochen und sie gepriesen.

RAMAZAN DEMIR: Bei allen Gemeinschaftsgebeten bittet während der Predigt der Imam öfters um das Wohlbefinden der Gemeindemitglieder, ihrer Familien, ihrer Nachbarn, und den Schutz des Heimats- und des Wohnortes; die Gemeindemitglieder erwidern mit Amin, also Amen. Ich habe persönlich sehr oft im Anschluss der Freitagspredigten bei meinem Bittgebet Gott darum gebeten, die Wohnstätten zu einer Stätte des Friedens zu machen. Denken wir nur an das Bundesheer. Wir haben ja viele Muslime im Militär in Österreich. Die Imame im Bundesheer predigen und lehren, dass wir uns für unser Heimatland Österreich mit Leib und Seele einsetzen müssen, schließlich ist es

Gespräch:
Lernen wir einander kennen

unsere theologische Pflicht, aber auch eine emotionale Sicht. Ich lebe mittlerweile seit 15 Jahren in Österreich und bin dankbar dafür, dass ich in einem Land leben kann, wo die Religionsfreiheit, die Meinungsfreiheit und Menschenrechte gewährleistet sind. Österreich ist nun meine neue Heimat geworden. Daher setze ich mich stark dafür ein, dass dieses Bewusstsein auch bei den Jugendlichen verankert ist. Im Lehrplan des Islamischen Religionsunterrichts an Schulen wird auch die Thematik »österreichisch-islamische Identität« hervorgehoben. Hier lege ich, wie all meine Religionslehrerkollegen auch, Wert darauf, dass sich die muslimischen Schüler mit Österreich identifizieren und sich für dieses Land einsetzen. Selbstverständlich können sie mehrere Identitäten haben. Das ist auch kein Nachteil, sondern ein Vorteil für sie. Jedoch ist gerade theologisch gesehen der Einsatz für die Mitmenschen und die Umwelt unabdingbar. Die muslimischen Schüler sind schließlich hier zu Hause und werden ihr Leben in diesem Land verbringen. Ich kann ein Türke, ein Österreicher und ein Deutscher zugleich sein, und das bin ich auch. Das heißt, ich bin in Deutschland geboren und aufgewachsen, aber ich lebe seit 15 Jahren in Österreich. Meine Eltern kommen aus der Türkei, ich habe also drei Identitäten. Österreich ist meine neue Heimat geworden, meine Kinder sind in Wien geboren. Der Mensch kann ja schließlich mehrere Identitäten haben, das stellt keinen Widerspruch dar, sondern einen Reichtum.

DANIELLE SPERA: Was sprecht ihr zu Hause?

RAMAZAN DEMIR: Unsere Muttersprache ist türkisch und unsere Kinder sollen mehrere Sprachen beherrschen. Meine Frau und ich sprechen vermehrt türkisch zu Hause, aber unsere Kinder eher deutsch. Wie ist es bei dir?

DANIELLE SPERA: Deutsch ist unsere Muttersprache, unsere Kinder haben eine amerikanische Schule besucht, sprechen daher neben Deutsch Englisch wie ihre Muttersprache und haben, seit sie klein sind, auch Hebräisch gelernt. Als was würdest du dich eigentlich bezeichnen?

RAMAZAN DEMIR: Ich bin sowohl Österreicher, Deutscher als auch Türke zugleich, denn mein Herz, meine Familie und mein Wohnort definieren meine Heimaten. Und wie würdest du dich bezeichnen?

DANIELLE SPERA: Ich bin jüdische Österreicherin. Ich habe zwar Familie in Israel, aber keine direkten Wurzeln dort – aber man wird natürlich als Jude oder Jüdin immer mit Israel assoziiert. Ich wurde oft gefragt: Wann fährst du wieder nach Hause? Damit war Israel gemeint. Aber ich bin hier zu Hause, ich bin Wienerin, mit tschechischen und jüdischen Wurzeln. Israel ist aber unser einziger

Gespräch:
Lernen wir einander kennen

Hoffnungsanker, wenn wir überall auf der Welt vertrieben werden. Und wie man sieht, sind wir nicht einmal dort sicher, in diesem winzigen Land mit keinen Bodenschätzen und keinem Erdöl.

RAMAZAN DEMIR: Letzten Endes sind wir allesamt Weltbürger. Ich habe auch viele muslimische Freunde, die aufgrund der steigenden rechten Bewegung und Muslimfeindlichkeit Angst um sich und ihre Kinder haben, jedoch blicke ich hoffnungsvoll in die Zukunft. Ich glaube, dass der Friedenswunsch und der Zusammenhalt der Menschen im Endeffekt stärker ist als Angst, Hass und Vertreibung.

DANIELLE SPERA: Ich war in den letzten Jahren als Vortragende in vielen Schulen in Österreich unterwegs und oft erstaunt, wie schlecht Jugendliche, deren Eltern aus anderen Ländern stammen, die aber bereits in Österreich geboren sind, Deutsch sprechen. Da ging es auch darum, wie die Schülerinnen und Schüler sich über österreichische Politik informieren. Viele haben gemeint, dass sie nur türkische Medien konsumieren Ich habe dann gefragt, wie sie bei den Wahlen in Österreich dann abstimmen, wenn sie die Parteien nicht kennen, darauf bekam ich oft die Antwort, das sagt mir mein Vater oder der Imam.

RAMAZAN DEMIR: Wenn der Imam sagt, geht wählen und nehmt von eurem demokratischen Recht

Gebrauch, ist das eine Stärkung der Demokratie. Aber dass ein Imam sagt, welche Partei man wählen soll, habe ich persönlich noch nie gehört. Ich habe auch letztens gelesen, dass eine Gruppe unter einer orthodoxen Kirche in Österreich direkt für eine Partei Wahlpropaganda macht, das hat mich stutzig gemacht. Was ich aber vor allem in der Zeit der Gefängnisseelsorge von so manchen Häftlingen mitbekommen habe, ist, dass wählen gehen ja verboten sei, was mich ebenfalls irritierte.

DANIELLE SPERA: Was sind hier die Argumente?

RAMAZAN DEMIR: Sie haben keine Argumente. Sie sagen, das ist kein islamisches Land. Ich frage dann: Was ist denn ein islamisches Land? Ist der Iran islamisch, nur weil er sich islamisch nennt? Ich rede mit den Leuten und versuche, die eigene Einsicht des Gegenübers zu fördern.

DANIELLE SPERA: Wie kommen sie denn darauf?

RAMAZAN DEMIR: Sie kommen mit folgender Begründung: »Wenn du einen Politiker wählst und diese Person dann auch Gesetze verabschiedet, wie zum Beispiel über das Alter des Alkoholkonsums, dann hast du das ja mitgetragen, denn im Islam ist der Alkoholkonsum verboten.« Ja, der Islam verbietet dir zwar als Individuum, Alkohol zu trinken, jedoch gibt es zum einen Muslime, die dieses Verbot nicht einhalten wollen und Alkohol trinken, und zum anderen sind viele Andersgläubige im Lande, die trinken. Das geht uns auch nichts an, das heißt, jedem seine Lebensweise. Hierbei ist es wichtig, den Leuten den Unterschied zwischen Gesetz und Gebot klar zu machen. Die Religion gibt Gebote und Verbote, wonach sich die Menschen richten können oder auch nicht, der Staat gibt Gesetze, welche wichtig sind, denn ohne Recht und Gesetz könnten wir alle nicht leben.

DANIELLE SPERA: Aber es ist ja eine freiwillige Entscheidung, Alkohol zu trinken, du musst ja nicht. Diese Entscheidungsfreiheit hast du in einer Demokratie. Wir haben Freiheiten, die es anderen Ländern nicht gibt. Hier kann man schwul sein, in Gaza oder im Iran wirst du als Homosexueller hingerichtet. Gleichzeitig rufen so manche junge Muslime hier nach einem Kalifat und sind homophob. Wir erleben auch Gewalttaten, so wie das Attentat am 2. November 2020, oder Planungen von Terror wie vor dem Taylor-Swift-Konzert. Ortest du eine Zunahme der Radikalität bei den jungen Leuten?

RAMAZAN DEMIR: Es gibt sogar Länder in Europa, wo Homosexualität als ein Verbrechen gesehen, sogar sanktioniert wird, siehe Ungarn, siehe Russland, oder mehrere Länder in Afrika. Schlussendlich ist das alles zu verurteilen, ohne Wenn und Aber, denn jeder Mensch besitzt eine Würde und dieser Würde muss mit Respekt begegnet werden, egal welcher Religion oder Kultur dieser Mensch angehört und welche Neigung auch immer er besitzt. In Bezug auf die Radikalisierung unter Jugendlichen: Wir haben ein Problem mit so manchen Jugendlichen, hier erkennen wir eine kleine Steigerung. Das kann ich als Lehrer beurteilen. Die jungen Leute sind von Social Media stark geprägt. Das sind nicht die Eltern oder Imame, sondern in Social Media selbsternannte Hassprediger, die junge Menschen mit ihrem Halbwissen und Falschwissen prägen. Diese Hassprediger sind meist auch Menschen, die vor zwei, drei Jahren zum Islam konvertiert sind. Irgendwelche Manfreds, die jetzt Abu XY heißen und versuchen, den Leuten den Islam zu erklären. Das beobachte ich, und das tut weh. Die Jugendlichen, die ich betreue, kann ich erreichen, andere natürlich nicht. Daher wird die Islamische Glaubensgemeinschaft auf Social Media mehrere Projekte initiieren und Aufklärungsarbeit leisten.

DANIELLE SPERA: Weil du das jetzt erwähnst: Ich habe vor ein paar Tagen auf Social Media ein Interview mit einem Imam gesehen, der auf die Verheiratung von Kindern angesprochen wurde. Er meinte, man kann sich sogar mit einem Baby verheiraten.

RAMAZAN DEMIR: Diese Person zeigt durch diese Aussage, die allen anerkannten religiösen Meinungen und Spektren der islamischen Gelehrten wider-

> Gespräch:
> Lernen wir einander kennen

spricht, dass er von der Thematik rein gar keine Ahnung hat. Natürlich ist eine solche öffentliche Äußerung schlimm, aber woher denkst du, dass es ein tatsächlicher Imam ist? Nur, weil er sich so bezeichnet? Das sind selbsternannte like-geile Spinner, so etwas kann ich nicht einmal hören. Man darf diesen Spinnern keine Plattform geben. Ich würde an dieser Stelle schon darum bitten, in deiner Einschätzung ein gewisses Maß an Grundethik auch bei anderen Religionen vorauszusetzen, mit denen man im Dialog ist. Man kann nicht jedes noch so absurde Beispiel als exemplarisch für eine der größten Weltreligionen nehmen. Gerade gegen das Judentum sind ja die absurdesten Vorwürfe wie Kindermorde und andere Verleumdungen Jahrhunderte lang auch in diesem Land vorgebracht worden, ich denke, daher kannst du mich schon verstehen, wenn bei so absurden Ansichten von offenbar anerkennungssüchtigen, geistig Verwirrten so getan wird, als sei das der Islam. Und leider verbreiten sich solche Dinge, dann gibt es Leute, die wirklich daran glauben, und das ist gefährlich. Auf Social Media muss es eine Kontrolle geben, denn sonst werden sowohl Muslime als auch die Mehrheitsgesellschaft weiterhin vergiftet. Ich habe auch Kinder und möchte nicht, dass sie in der Zukunft auf TikTok und Co. von irgendeinem Hassprediger mit solchen Inhalten eingeimpft werden.

DANIELLE SPERA: Hier geht es auch darum, den Jugendlichen deutlich zu sagen, dass sie alles überprüfen und nicht alles glauben sollen. In diesem Interview hat sich dieser muslimische Prediger auch auf Mohammed berufen und auf die Ehe mit Aischa, die ja erst neun Jahre alt war.

RAMAZAN DEMIR: Dies ist wieder gefährliches Halbwissen. Es gibt an den unterschiedlichen Universitäten Forschungen, die sich dieser erfundenen Überlieferung gewidmet haben. Schlussendlich wird unterstrichen, dass Aischa im 7. Jahrhundert, als sie heiratete, 18 oder 14 Jahre alt war. Gehen wir mal zurück in das 7. Jahrhundert und schauen mit wie vielen Jahren die Menschen in den unterschiedlichen Ländern und Gebieten der Welt geheiratet haben – auch in den Kaiserhäusern in Europa hat man damals die Kinder früh verheiratet.

DANIELLE SPERA: Ich war vor Kurzem in den Vereinigten Emiraten, und dort erklärte der Toleranzminister unserer Delegation, dass wir in Europa aufpassen sollen vor der Radikalisierung der muslimischen Jugend und was in den Moscheen, auch in Österreich, gepredigt wird.

RAMAZAN DEMIR: In den selbsternannten Hinterhofmoscheen, wo unsere Jugendlichen von Hasspredigern vergiftet werden. Darauf macht auch die Islamische Glaubensgemeinschaft in Österreich seit Jahren aufmerksam, dafür braucht es keinen Minister aus dem Ausland.

DANIELLE SPERA: Jedenfalls gibt es in Abu Dhabi ein so genanntes Abrahamic Family House mit drei gleich großen Gebäuden: einer Moschee, einer Synagoge und einer Kirche. Das war sehr beeindruckend. Apropos beeindruckend: Ich fand es immer bemerkenswert, wie sehr sich jüdische Gelehrte über Jahrhunderte mit der islamischen Theologie und Philosophie auseinandergesetzt haben, ich nenne hier Pars pro Toto Moses Maimonides (1135–1204), einen jüdischen Gelehrten und Arzt aus Córdoba. Und im 19. und 20. Jahrhundert, parallel zur Entstehung der modernen Islamwissenschaften im Westen, begannen jüdische Wissenschaftler eine systematische Erforschung des Islams und der arabischen Sprache. Viele jüdische Forscher waren mehrsprachig und hatten tiefe Verbindungen zur arabischen Welt. Diese akademischen Verbindungen führten dazu, dass jüdische Gelehrte zu wichtigen Brückenbauern zwischen der arabischen und der westlichen Welt wurden.

RAMAZAN DEMIR: Könntest du mir eine Aussage aus den jüdischen Schriften nennen, die deine Haltung im Leben prägt?

DANIELLE SPERA: Einer der wichtigsten Grundsätze der Tora, des Alten Testaments, lautet: »Liebe deinen Nächsten wie dich selbst, er ist wie du«

(3. Buch Mose 19,18). Gottes Fürsorge, Liebe und Vergebung sollen auch die Menschen untereinander leben. Die Barmherzigkeit im Judentum ist tief in der göttlichen Natur verankert und ist ein Gebot. Sie wird nicht nur als Mitgefühl verstanden, sondern auch als aktive Fürsorge für die Schwachen und Benachteiligten. Sowohl im persönlichen Umgang als auch im sozialen und rechtlichen Kontext ist Barmherzigkeit ein zentrales Prinzip. Die jüdische Ethik definiert den Umgang mit unseren Mitmenschen, mit unserer Umwelt. Wir sind aufgefordert, uns für andere einzusetzen. Hier gibt es die wichtige Idee des Tikkun Olam. Unsere Welt ist unvollkommen, wir haben die Aufgabe, sie zu reparieren, das heißt zu verbessern und für das Wohl aller Lebewesen zu sorgen. Diese Grundgedanken des Judentums prägen mein Leben, meine Kinder haben das von uns übernommen, worüber ich glücklich und dankbar bin.

RAMAZAN DEMIR: Was mich prägt, ist das Statement des Propheten Muhammad: »Ihr werdet das Paradies nicht betreten, bevor ihr nicht barmherzig handelt.« Seine Gefährten sagten: »Wir sind doch alle barmherzig.« Er sagte: »Es ist nicht nur die Barmherzigkeit unter Euresgleichen, sondern die Barmherzigkeit gegenüber allen Menschen; er wiederholte: die Barmherzigkeit gegenüber allen.« Wie schön wäre es, wenn alle Menschen auf der Welt, egal welcher Religion, Kultur oder Ethnie auch immer, einander mit Barmherzigkeit begegnen.

DANIELLE SPERA: Wir haben in unseren Gesprächen immer wieder unseren Stammvater Abraham erwähnt und seine beiden Söhne Isaak und Ishmail. Auch wenn sie das Leben weit auseinanderführte, beerdigten sie letztendlich ihren Vater gemeinsam in der Höhle von Machpela an der Seite seiner Frau Sarah. So steht es im Buch Genesis der Tora. Mit diesem Thema setzt sich die theologische Wissenschaft seit Langem auseinander. Vielleicht lässt sich dieses Zusammentreffen der Halbbrüder am Grab des Vaters als ein Zeichen der Hoffnung auf Verständigung interpretieren – und wir schauen damit doch mit einem Hauch an Optimismus in die Zukunft.

Synagoge

Die Synagoge ist ein Ort der Versammlung, des Gottesdienstes und ein Lernort im Judentum. Auf Hebräisch wird dieser Ort »Haus der Versammlung« (Bet Knesset) oder »Haus des Gebets« (Bet Tefillah) genannt. Aus dem Lernort entwickelte sich der Begriff Schul, der auch im Jiddischen gebräuchlich ist. Der Begriff Tempel stammt vom Salomonischen Tempel. Diese Bezeichnung wurden vom Reformjudentum des 19. und frühen 20. Jahrhunderts wieder aufgenommen. Die Bezeichnung Synagoge stammt aus dem Griechischen und heißt »Zusammenkunft«. Ein Schtibl (von Stube) ist ein kleiner, informeller Gebetsraum.

In der Tora, den Fünf Büchern Moses, findet sich keine Erwähnung von Synagogen. Seit der Zeit von Moses waren Juden verpflichtet, täglich zu beten, es gab Wallfahrten zu den Gottesdiensten im Tempel in Jerusalem. Im 4. Jahrhundert v. d. Z. wurden die Texte der Gebete wie auch die Vorschriften für den Gottesdienst entwickelt. Die Synagoge erinnert an den Mischkan (Gottes Heimstatt auf Erden), den Tempel in Jerusalem, und soll dementsprechend mit Respekt, angemessener Kleidung und entsprechendem Verhalten besucht werden. Es gibt keine Vorschriften für die Architektur einer Synagoge. Sie haben keinen einheitlichen Grundriss, die Formen und Ausprägungen sind äußerst unterschiedlich. Jedoch hat sich der Baustil im Lauf der Jahrhunderte immer an die baulichen Ge-

gebenheiten des jeweiligen Landes oder der jeweiligen Stadt angepasst.

In Österreich gab es Synagogen in den mittelalterlichen Gemeinden, später war der Bau von Synagogen, die von außen als solche erkennbar waren, verboten. Erst unter der Regentschaft von Kaiser Franz Joseph I. (1830–1916) war es erlaubt, Synagogen zu errichten, woraufhin die wichtigsten Architekten für die Bauten engagiert wurden. Bis auf eine Ausnahme, den Wiener Stadttempel, wurden alle Wiener Synagogen im Novemberpogrom 1938 zerstört. Heute erinnern Lichtzeichen im Rahmen des Gedenkprojektes »OT« an 25 Standorten an die ehemaligen Wiener Synagogen.

Jede Synagoge muss mit einem nach Jerusalem ausgerichteten Toraschrein ausgestattet sein. Im Aron HaKodesch (heiliger Schrank) werden die Torarollen aufbewahrt. Dieser Schrank erinnert an die (verschollene) Bundeslade, in der die Steintafeln der Zehn Gebote aufbewahrt gewesen sein sollen. Vor dem Toraschrein hängt meist ein bestickter Vorhang, Parochet genannt. Während des Gottesdienstes werden die Torarollen aus dem Schrank genommen und zur Bima, einem Podest, gebracht. Von diesem Podest wird der wöchentliche Abschnitt aus der Tora gelesen. Das Ewige Licht (Ner Tamid) in den Synagogen erinnert an Feuersäule, die die Juden auf dem Weg durch die Wüste Sinai begleitet hat, an die göttliche

Präsenz und die ewige Verbundenheit des jüdischen Volkes mit Gott. In Synagogen finden sich keine Bilder oder Statuen im Einklang mit dem Gebot, sich von Gott kein Bild zu machen. Eine Ausnahme bildet die Wilshire Boulevard Synagoge in Los Angeles, die von den Studiogründern Hollywoods errichtet worden war und an allen Wänden die biblische Geschichte in großen Bildern zeigt.

Im Prinzip ist im Judentum kein Gebäude für das Gebet nötig, doch es heißt, dass Gebete in der Gemeinschaft eher gehört werden als ein individuelles Gebet. Für einen Gottesdienst sind mindestens zehn Juden (= Minjan) nötig, im orthodoxen Judentum zählen Männer, im Reformjudentum auch Frauen dazu. Die Volljährigkeit tritt mit der Bar Mitzwa bzw. Bat Mitzwa ein. Ohne Minjan kann ein Gottesdienst zwar stattfinden; bestimmte Gebete jedoch können nicht gesprochen werden.

Gebetet wird Richtung Jerusalem. Eine Kopfbedeckung ist nötig. Zum Gebet gehören auch die Tefillin (Gebetskapseln) und der Tallit (Gebetsschal). In manchen Synagogen, zum Beispiel in Aserbaidschan, in Tunesien oder im Jemen ziehen sich die Gläubigen die Schuhe aus, da die Synagogen mit kostbaren Teppichen ausgelegt sind. Im Judentum kommuniziert die Gemeinde direkt mit Gott. Ein Rabbiner, Vorbeter oder Kantor leitet den Gottesdienst. Die Predigt hält meist der Rabbiner, sie ist aber nicht erforderlich. In orthodoxen Synagogen wird gesungen, doch gibt es keine Instrumente. Während des Gottesdienstes wird für Kranke gebetet.

Die Gebete ersetzen die Opfer, die früher im Tempel dargebracht wurden. Am Schabbat und den Feiertagen gibt es ein Zusatzgebet (Mussaf). Es erinnert an das zusätzliche Opfer, das an diesen Tagen im Tempel gebracht wurde. Wichtig ist das Schmone Esre, das Achtzehnbittengebet, das früher 18, heute 19 Segenssprüche beinhaltet. Es wird stehend gesprochen und daher auch als Amida (hebr. »Stehen«) bezeichnet. Morgens und abends wird das Schma Israel gesprochen, das Glaubensbekenntnis der Juden (»Höre Israel, der Ewige ist unser Gott, der Ewige ist einzig«, 5. Buch Mose 6,4).

Jüdinnen und Juden versammeln sich in Synagogen nicht nur zum Gottesdienst, sondern auch zum Unterricht oder zu Veranstaltungen. Im Judentum sind pro Tag drei Gebete vorgeschrieben, das Morgen-, Nachmittag- und Abendgebet. Das Nachmittagsgebet wird mit dem Abendgebet zusammengezogen. Montag, Donnerstag, an jedem Schabbat und an Feiertagen wird zusätzlich aus der Tora gelesen. Für den einjährigen Lesezyklus am Schabbat wurde die Tora in 54 Abschnitte (Paraschot) unterteilt. An manchen Samstagen gibt es Doppellesungen. Nach Simchat Tora (das Fest für die Freude an der Tora) fängt man wieder von vorn an. Die Torarollen werden im

Synagoge

Toraschrein aufbewahrt und für den Gottesdienst herausgeholt. Sie sind mit der Hand auf Pergament geschrieben, das wertvolle Papier darf nicht berührt werden, daher greift man die Stäbe der Rollen an und verwendet zum Lesen einen Lesestab (Jad). Die Tora gilt als heilig und muss, wenn sie abgenutzt ist, in einem speziellen Grab auf einem jüdischen Friedhof beerdigt werden.

Synagogen fielen im Lauf der Jahrhunderte immer wieder Pogromen zum Opfer. Während des Novemberpogroms 1938 wurden in Österreich und Deutschland, dreitausend Synagogen und Bethäuser zerstört und hunderte Menschen getötet. Die meisten Synagogen wurden durch die Auslöschung der jüdischen Gemeinden nicht wiedererrichtet. Durch das neue, aber wesentlich kleinere Aufblühen von jüdischen Gemeinden finden sich an manchen Orten, vor allem in Deutschland, zeitgenössische Synagogenbauten. Im Buch Haggai (520 v. d. Z) des Tanach heißt es: »Geht ins Gebirge, schafft Holz herbei und baut den Tempel wieder auf! Das würde mir gefallen und mich ehren, spricht der Herr.«

Moschee

Der Begriff Moschee leitet sich aus dem Wort Masdschid ab, was auf Arabisch »Ort der Niederwerfung« bedeutet. Die Niederwerfung ist eine nur für Gott bestimmte und deshalb sehr persönliche Gebetshaltung, bei der man Allah am nähesten ist.

Die Hauptfunktion einer Moschee ist die gemeinschaftliche Gebetsverrichtung der Muslime. In früheren Zeiten war eine Moschee ein Ort, der Tag und Nacht geöffnet war, was zum Teil heute noch der Fall ist. Die Moscheeanlage diente mit ihren weiteren Räumlichkeiten als theologische Lehrstätte (Medrese) und bot den Reisenden oder Obdachlosen einen Platz zum Schlafen. Auch diente sie als Spital.

In der Mehrheit der heutigen Moscheen in Europa wird die Funktion des Gemeinschaftszentrums mit Büchereien, Teestuben und Kantinen beibehalten. Genau wie auch früher dient die Moschee als Bildungs- und Erziehungsstätte, in der Kindern, Jugendlichen und auch Erwachsenen islamisches Wissen beigebracht und die Koranrezitation gelehrt wird. Heutzutage leisten viele Moscheen Gemeindearbeit wie zum Beispiel Beratungen. Die Organisation von verschiedenen Veranstaltungen wie zum Beispiel Wohltätigkeitsbasaren gehört ebenfalls zu den Aktivitäten einer Moscheegemeinde. Auch ist die Jugendarbeit zu einer zentralen Funktion der Moschee geworden, im Rahmen derer Jugendlichen Bildungs- und Sportveranstaltungen sowie Hausaufgabenbetreuung geboten werden.

In den Moscheen kann man zahlreiche Kalligrafien finden. Sie ist eine ästhetische Art, die Verse des Koran darzustellen, und gleichzeitig ein Teil der islamischen Kultur.

In der Moschee sind generell keine Abbildungen und Figuren von Engeln, Heiligen, Menschen oder Tieren zu finden. Der Grund dafür ist einerseits das Anliegen, aufzuzeigen, dass kein Mensch Wissen über das Aussehen von Propheten und Engeln haben kann, andererseits ist die Gefahr der Ablenkung beim Gottesdienst durch jegliche Figuren und Abbildungen gegeben. Der Gebetsraum ist somit frei von Bildern.

Der Mihrab ist die Gebetsnische, die ein Blickfang im Gebetsraum ist. Sie zeigt die Richtung der Kaaba an, die das älteste Haus Gottes ist (sie geht auf den ersten Menschen und Propheten Adam zurück) und vom Propheten Abraham in der Stadt Mekka wiedererrichtet wurde. Da der Koran den Muslimen vorschreibt, dass sie zur Kaaba beten sollen, sind die Gebetsnischen überall auf der Welt in diese Richtung ausgelegt. Der Mihrab ist der vorderste Punkt der Moschee, der sich an der Wand befindet. Beim Gemeinschaftsgebet ist die Nische der Platz des Vorbeters. Die Gestaltung des Mihrab ist je nach Region und Kultur unterschiedlich.

Der Minbar, übersetzt »Hoher Platz«, ist die Kanzel des Predigers, von wo er freitags und an Festtagen seine Predigt hält. Er liegt auf der rechten Seite der Gebetsnische und ist über einige Stufen zu erreichen.

Das Minarett ist ein turmartiger Anbau der Moschee, der schon von Weitem erkennbar ist. Er ist vergleichbar mit dem Kirchturm.

Das Wort Minarett stammt aus dem arabischen Minara und bedeutet »Ort des Licht- bzw. Feuermachens«. Ein Minarett kann verschiedene Formen, Farben und Längen haben. Das Dach der Moschee ist oftmals eine Kuppel mit Schallwirkung, die ein weiteres Merkmal der Moschee darstellt.

Der Muezzin, der den Menschen die Gebetszeit ankündigt, bestieg früher das Minarett über eine Wendeltreppe. Heute wird der Adhan (Gebetsruf) von Lautsprechern ausgerufen, wobei dies fast überall in Österreich im Innenraum der Moschee geschieht.

Folgende fünf Inhalte hat der Gebetsruf:

1. Allah ist der Allergrößte. 2. Ich bezeuge, dass es keinen Gott außer Allah gibt. 3. Ich bezeuge, dass Muhammad der Gesandte Allahs ist. 4. Kommt her zum Gebet. 5. Kommt her zur Heilung.

Wichtig: Allah bedeutet auf deutsch »Gott«. In der arabischen Sprache wird der Gott Allah genannt, was zugleich ein Eigenname ist, für den es keine Mehrzahl gibt. In den Bibelausgaben in arabischer Sprache wird Gott übrigens auch mit »Allah« übersetzt.

Das Gebet spielt wie im Judentum im Islam eine große Rolle, auch wenn es anders ausgeführt wird. Das rituelle Pflichtgebet wird im Islam Salah genannt und ist eine direkte Verbindung jedes Einzelnen mit Allah. Es ist fünf Mal täglich auszuführen und stellt die zweite Säule des Islam dar. Bevor das Gebet verrichtet werden kann, ist eine rituelle Gebetswaschung nötig, da die Reinigung ein Fundament der islamischen Religion ist. Dabei werden die Hände und die Arme, das Gesicht und die Füße gewaschen sowie die Kopfhaut befeuchtet. Auch der Mund und die Nase müssen ausgespült werden.

Das Gebet ist fünf Mal am Tag zu verschiedenen Zeiten, die sich nach der Sonne richten, auszuführen. Das Morgengebet wird vor Sonnenaufgang verrichtet.

Moschee

und dann folgt das Mittagsgebet, wenn die Sonne am höchsten Punkt steht. Darauf folgt das Nachmittagsgebet, und nach Sonnenuntergang wird das Abendgebet durchgeführt. In der Nacht verrichten Muslime das Nachtgebet.

Beim rituellen Pflichtgebet werden arabische Koranverse aufgesagt, die eine spirituelle Bedeutung haben und zugleich dem Menschen helfen, eine kurze Zeit vom stressigen Alltagsleben abzuschalten. Durch das Gebet zeigen Muslime Allah ihre Treue und Dankbarkeit. Zudem werden auch persönliche Bittgebete gesprochen.

Für Reisende oder Kranke gibt es einige Erleichterungen bei der Verrichtung des Gebets.

Es gibt zwei Möglichkeiten, das Gebet zu verrichten, entweder alleine oder in der Gemeinschaft, die aus mindestens zwei Personen bestehen muss. Das Gemeinschaftsgebet mit einem Vorbeter ist von großer Bedeutung für Muslime.

Der Freitag spielt für Muslime eine große Rolle, da er ihr Feiertag ist, so wie der Sonntag für Christen oder der Schabbat für Juden. An diesem Tag sind die Männer zum gemeinschaftlichen Freitagsgebet in der Moschee verpflichtet: »O ihr Gläubigen! Immer wenn am Freitag zum Gebet gerufen wird, eilt sogleich zum Gedenken Allahs und lasset den Handel ruhen [...].«

Des Weiteren gibt es das Festgebet, welches an den zwei religiösen Festtagen, dem Ramadanfest und dem Opferfest, verrichtet wird. Genauso wie Christen zu Weihnachten oder zu Ostern in die Kirche gehen, so gehen Muslime an ihren Festtagen in die Moschee und verrichten ihr Gebet nach Sonnenaufgang mit der Gemeinde zusammen.

Glossar

Adhan Gebetsruf der Muslime
Ahlul kitab Familie/Volk der Schrift
Allah Arabischer Begriff für Gott
Altes Testament Als Altes Testament bezeichnet die christliche Theologie seit etwa 180 n. Chr. die heiligen Schriften des Judentums, den Tanach.
Amen Das hebräische Wort Amen stammt aus dem Tanach und drückt die Zustimmung zu Gebet und Segen in der Liturgie aus. Als einer der Begriffe, die in identischer Form in Judentum, Christentum und Islam verwendet werden, wurde er im christlichen Alten und Neuen Testament übernommen und noch später in den Islam weitergetragen.
Antisemitismus Als Antisemitismus werden heute alle pauschalen Formen von Judenhass, Judenfeindlichkeit oder Judenfeindschaft bezeichnet.
Auferstehung Bezeichnung für die Erweckung Verstorbener zu einem ewigen Leben nach oder aus dem Tod
Ayat Vers im Koran
Bar Mitzwa Hebr. wörtl. »Sohn der Pflicht«: religiöse Mündigkeit von jüdischen Burschen mit 13 Jahren
Bar/Bat Mitzwa Hebr. wörtl. »Tochter der Pflicht«: religiöse Mündigkeit von jüdischen Mädchen mit zwölf Jahren
Beschneidung Hebr. »Brit Mila«, die Entfernung der Vorhaut männlicher jüdischer Säuglinge am ach-

ten Tag nach der Geburt. Sie gilt im Judentum als Eintritt des männlichen Nachkommen in den Bund mit Gott.

Burkini Ganzkörperbadeanzug
Dekalog Die Zehn Gebote
Dogma Feststehende Definition oder grundlegende, normative Lehraussage, deren Wahrheitsanspruch als unumstößlich festgestellt wird
Dschihad Arab. wörtl. »sich bemühen«, »sich anstrengen«; sich verteidigen und sich für etwas Gutes einsetzen
Erbsünde Nach christlichem Glauben wird jeder Mensch in eine Welt hineingeboren, in der er ohne eigenes Zutun Leid, Tod, Unrecht und Schuld vorfindet; verursacht durch den Sündenfall von Adam und Eva, indem sie trotz Gottes Verbots vom verbotenen Baum gegessen hatten.
Evangelium Griech. wörtl. »frohe Botschaft«: die vier Bücher des Neuen Testaments, in denen die ersten und letzten Jahre von Jesus beschrieben sind
FGM Engl. »Female Genitalia Mutilation«, Genitalverstümmelung von Frauen
Fünf Bücher Mose Die ersten fünf Bücher des Alten Testaments, im Judentum als »Tora«, auf Griechisch als »Pentateuch« bezeichnet. Auf Griechisch tragen sie die Namen Genesis, Exodus, Levitikus, Numeri und Deuteronomium. Im Hebräischen heißen sie

nach den ersten Wörtern der jeweiligen Bücher: Bereschit (»im Anfang«) Schemot (»Namen«), Wajikra (»und er rief«), Bamidbar (»in der Wüste«) und Dwarim (»Worte«).

Götzen Abwertende Bezeichnung für einen der eigenen Religion fremden Gott, dessen Darstellung kultisch verehrt wird

Hadith Überlieferungen, die den Propheten zugesprochen werden

Heilige Schrift Texte, die für eine Religion als Richtschnur dienen; im Judentum steht der Begriff für Tanach und Talmud, im Christentum für die Bibel, die in Altes Testament und Neues Testament aufgeteilt wird.

Imam Arab. »Vorsteher«; Imame sind Vorbeter und Prediger in einer Moschee und religiöse Würdenprediger.

Kaaba Gotteshaus in Mekka, welches nach islamischem Glauben Abraham wiedererrichtete

Kippa Traditionelle religiöse Kopfbedeckung jüdischer Männer; gläubige Juden zeigen damit ihre Ehrfurcht und Demut gegenüber Gott.

Koran Heilige Schrift im Islam, nach islamischem Glauben die letzte Botschaft Gottes

Kreuzzüge Im Mittelalter von der lateinischen Kirche sanktionierte, strategisch, religiös und wirtschaftlich motivierte Kriege gegen Andersgläubige, die oft zu grausamer Verfolgung führten

Liturgie Bezeichnung für die Ordnung und Gesamtheit der religiösen Zeremonien und Riten des Gottesdienstes

Madrasa Islamische theologische Hochschule

Märtyrer Menschen, die um das Bekenntnis ihres Glaubens Willen den Tod erdulden

Mikwe Rituelles Tauchbad im Judentum

Mitzwot (Sg. Mitzwa) Die 613 Gebote und Verbote im jüdischen Glauben

Moschee Gebetshaus der Muslime

Moses Zentrale Figur in der Tora; nach biblischer Überlieferung erhielt er die Tafeln mit den zehn Geboten und führte von Gott beauftragt das Volk der Israeliten auf einer 40 Jahre währenden Wanderung aus der ägyptischen Sklaverei in das kanaanäische Land.

Muhammad/Mohammed Nach islamischem Glauben der letzte Prophet Gottes

Neues Testament Sammlung von 27 Schriften des Urchristentums in griechischer Sprache; sie beziehen sich oft auf den Tanach bzw. das Alte Testament, und verkünden Jesus als Retter der Welt und Messias.

Paradies Nach jüdischer und daraus abgeleitet christlicher und islamischer Vorstellung der Ort, wo die Menschen zu Anfang ihrer Existenz gelebt haben, bis sie daraus verstoßen wurden

Propheten Griech. wörtl. »Fürsprecher«, »Sendbote«: Verkünder der Botschaft Gottes, daher kommt das Wort Prophezeiung

Psalm, Psalmen In Judentum und Christentum gebräuchlicher poetischer religiöser Text mit liturgischer Funktion aus dem Buch der Psalmen im Tanach. Einige Texte aus dem Neuen Testament werden der Gattung »Psalm« zugeordnet, da sie auf jüdische Vorlagen zurückgehen.

Rabbinat Amt des Rabbiners

Rabbiner Jüdischer Geistlicher; Lehrer, Seelsorger und Gottesdienstleiter

Ramadan Fastenmonat der Muslime

Schabbat Wöchentlicher jüdischer Ruhetag von Freitagabend bis Samstagabend

Schammai Gründer einer pharisäischen Toraschule, wichtigster Konkurrent seines Lehrers Hillel. Er wird in der rabbinischen Literatur im Gegensatz zum gütigen und sanften Hillel als strenger und reizbarer Gelehrter dargestellt.

Scharia Friedliche Lebensweise nach Koran und Sunna; kein Gesetzbuch

Shoah Wörtl. »Katastrophe/Vernichtung«: hebräische Bezeichnung für den Holocaust

Sunna Überlieferte Aussagen, Handlungen und Bestätigungen des Propheten Muhammad

Sure Kapitel im Koran

Synagoge Griech. wörtl. »Versammlung«: Raum, in dem sich die jüdische Gemeinde zum Gebet versammelt

Tanach Hebräische Abkürzung für die Heilige Schrift

(»T« = Tora, die Fünf Bücher Mose; »N« = Nevi'im, die Propheten; »K«, das sich am Wortende in ein »ch« verwandelt, = Ketuwim, die »Schriften«, also Sprüche, Prediger, Psalmen und die Bücher Esther, Ruth und Daniel)

Tauba Akt der Umkehr, indem man Reue zeigt und Gott um Vergebung bittet

Theologie Griech. wörtl. »Lehre von Gott«

Tora Fünf Bücher Mose, Kern der hebräischen Bibel

Zehn Gebote Grundsätzliche Gebote und Verbote; in der hebräischen Bibel wird nicht von den »Zehn Geboten«, sondern von den »Zehn Worten« gesprochen. Der entsprechende griechische Ausdruck lautet »Dekalog«.

Zwölf Stämme Israels Bilden nach der Überlieferung in der Tora das Volk Israel

Zeittafel: Judentum

BIBLISCHE ZEIT

2000 bis 1250 vor
der Zeitrechnung

1250 bis 1050
v. d. Z.

Gott beschließt den Bund mit Abraham; dieser siedelt sich mit seiner Frau im Land Kanaan an.

Bildung von Siedlungstraditionen der Patriarchen; Entwicklung von Stammeslinien (zwölf Stämme)

Joseph wird von seinen Brüdern verkauft und gelangt nach Ägypten.

Auszug aus Ägypten, Befreiung aus der ägyptischen Sklaverei

Bildung einer Bundesgemeinschaft; Eroberung und Besiedlung von Kanaan

Entwicklung von Stammesstrukturen und Formen nationaler Führung

**1050 bis 587/6
v. d. Z.**

Aufstieg und Errichtung der Monarchie unter König David

Der Erste Tempel wird von Salomo, dem Sohn Davids, erbaut.

Entwicklung antiker israelitischer Institutionen und Literatur; religiöse Kreativität; Entstehung der klassischen Prophezeiung mit Amos (Mitte des 8. Jahrhunderts)

Assyrer erobern Samaria; Verbannung von zehn nördlichen Stämmen (722/1)

Die Tempel in Jerusalem und Judäa werden von den Babyloniern zerstört; Exilierung der Juden nach Babylon (587/6)

(BIBLISCHE ZEIT)

539 bis 70 nach der Zeitrechnung

Beginn der Rückkehr nach Zion; Wiederherstellung alter Institutionen und Führung; der Tempel wird wieder aufgebaut (515).

Entstehung des klassischen Judentums, in dessen Mittelpunkt das Gesetz und seine Auslegung stehen

Aufstieg der griechischen Macht in Palästina (332); Verbot jüdischer Praktiken durch Antiochos IV.

Aufstand der Makkabäer (168) und Wiederherstellung und Reinigung des Tempels (165), Chanukka-Wunder

Entwicklung verschiedener religiöser Gruppen in Palästina und Entwicklung des jüdischen Lebens in Alexandria; Verbindung jüdischer Kultur mit hellenistischem Denken

Entstehung der Pharisäer als dominierende religiöse Bewegung, Festigung ihrer Ideale der Gelehrsamkeit und Frömmigkeit

Aufstieg der römischen Herrschaft; Eroberung Palästinas im Jahr 63 v. d. Z.

Zeittafel: Judentum

RABBINISCHE PERIODE

70 bis 700 n. d. Z.

Bildung des Rabbinischen Judentums; Entwicklung von rabbinischen Studien- und Interpretationsschulen

Zerstörung des Zweiten Tempels durch die Römer (70)

Rabbi Jochanan ben Sakkai gründet in Jawne ein Zentrum für Rechtsstudien und Verwaltungsherrschaft.

Konferenz zur Heiligsprechung biblischer Literatur in Jawne (90)

Rabbi Jehuda haNasi stellt die Mischna zusammen, die schriftliche Zusammenfassung der mündlichen Überlieferungen und Regeln der Gesetzeslehrer.

Gründung babylonischer Rabbinerakademien und Entwicklung umfangreicher Kommentare zur Mischna, Talmud genannt, durch die Amoräer (jüdische Gelehrte); durch die Konsolidierung dieser Kommentare und anderer Traditionen entstehen der Jerusalemer und der babylonische Talmud (Mitte des 5. bis 6. Jahrhundert).

MITTELALTER BIS NEUZEIT

700 bis 1290 n. d. Z.

Konsolidierung von Rechtstraditionen und Liturgie; die Masoreten (Gelehrte) etablieren den traditionellen Text der Bibel (Rabbinische Bibel).

Jüdisches Leben breitet sich von Eretz Israel nach Spanien, Marokko, Irak und darüber hinaus aus.

Entwicklung jüdischer Institutionen und literarischer Kreativität

Jüdisches Leben beeinflusst durch Christentum und islamische Zivilisationen

Wiederholte Verfolgungen und Massaker an Juden in vielen europäischen Ländern

Bedeutende Denker (vor allem Raschi, geb. 1040) kommentieren und festigen die biblischen und rabbinischen Traditionen.

Entwicklung philosophischer Ausdrucksformen der jüdischen Theologie, vor allem durch Maimonides (geb. 1138); Entstehung neuer Trends in der jüdischen Mystik in Spanien und Deutschland: Der Zohar wird im späten 13. Jahrhundert in Spanien geschrieben.

Zeittafel: Judentum

**1290 bis 1750
n. d. Z.**

Vertreibung von Juden aus England (1290), Frankreich (1306), Spanien (1492) und Portugal (1497); 1516 wird in Venedig das Ghetto eingeführt.

Wiederbelebung der jüdischen Mystik im 16. Jh. in Safed, angeführt von Joseph Karo und Isaac Luria; der Schulchan Aruch (Zusammenstellung jüdischer Gesetze) entsteht.

Wichtige Periode des Talmud-Studiums in Polen (16. bis 18. Jh.).

Die jüdische Gemeinde in New Amsterdam (später New York) wird gegründet (1654).

AUFKLÄRUNG BIS HEUTE

Ab 1750
n. d. Z.

Entstehung neuer Muster jüdischen Lebens aufgrund sozialer und ideologischer Revolutionen in Europa, die auch zur Herausforderung für die rabbinische Strukturen in Osteuropa werden

Entwicklung säkularer jüdischer Aufklärungs- und religiöser Reformbewegungen in Westeuropa

Wiederbelebung des Chassidismus unter der spirituellen Führung des Baal Schem Tov in Osteuropa

Widerstand der traditionellen Orthodoxie in Osteuropa; erste Anpassungen (Assimilation) an die europäische Kultur

Ausbreitung neuer religiöser Entwicklungen in den USA im 19. Jh.; Gründung der Union of American Hebrew Congregations (Reform) 1873 und des Jewish Theological Seminary of America (Conservative) 1886

Ab 1881 Entstehung des Zionismus; Herzl schreibt ein zionistisches Manifest (*Der Judenstaat*, 1896). 1897 wird die zionistische Bewegung gegründet; Neubesiedlung von Eretz Israel (verstärkt durch die Verfolgungen in Russland und anderen Ländern); Wiederbelebung der hebräischen Sprache; 1909 wird Tel Aviv gegründet.

Zeittafel: Judentum

1933-45 Verfolgung, Vertreibung, Ermordung von sechs Millionen Jüdinnen und Juden im Zweiten Weltkrieg; Entwicklung des jüdischen Widerstands in Europa (Aufstand im Warschauer Ghetto 1943)

Bedingt durch die Verfolgung massive Rückkehr nach Eretz Israel; Etablierung von sozialen, kulturellen und politischen Institutionen; 1948 Gründung des Staates Israel

Teilung des Landes zwischen Juden und Arabern; häufige Konflikte; Sechstagekrieg (1967), jüdische Wiedervereinigung Jerusalems; die alte Tempelmauer wird wiederhergestellt und alte heilige Stätten als für alle zugänglich erklärt.

Wiedergründung jüdischer Gemeinden in Europa

Zeittafel: Islam

Zeit der Propheten

Prophet Adam – der erste Prophet im Islam (genaue Jahreszahl ist im Koran nicht genannt)

Folgende Propheten folgen ihm (genaue Jahreszahlen sind in der heiligen Schrift nicht verzeichnet)

Prophet Idris – Enoch/Henoch

Prophet Nuh – Noah

Prophet Hud – Heber

Prophet Salih – Schilo/Methusalem

Prophet Ibrahim – Abraham

Prophet Lut – Lot

Prophet Ismail – Ismael

Prophet Ishak – Isaak

Prophet Yakub – Jakob

Prophet Yusuf – Josef

Prophet Ayyub – Hiob

Prophet Schuayb – Jethro

Prophet Musa – Moses

Prophet Harun – Aaron

Prophet Dawud – David

Prophet Suleyman – Salomo

Prophet Yunus – Jonas

Prophet Ilyas – Elija

Prophet Elyasa – Elischa

Prophet Zulkifl – Ezechiel/Hesekiel

Prophet Zakariyya – Zacharias

Prophet Yahya – Johannes

Prophet Isa – Jesus

**Von Muhammad
bis heute**

570 n. Chr. Prophet Muhammad wird in Mekka geboren

610 n. Chr. Prophet Muhammad erhält die erste Hinabsendung der koranischen Botschaft

622 n. Chr. Auswanderung der Muslime nach Medina

632 n. Chr. Tod des Propheten Muhammad

632 n. Chr. Wahl Abu Bakrs zum ersten Kalifen

634 n. Chr. Zweiter Kalif Omar

644 n. Chr. Dritter Kalif Osman

656 n. Chr. Vierter Kalif Ali

Zeittafel: Islam

Danach herrschten in den unterschiedlichen Gebieten der Welt, teilweise zeitgleich, unterschiedliche Dynastien wie zum Beispiel:

661–750 n. Chr. Umayyaden

750–1258 n. Chr. Abbasiden

909–1171 n. Chr. Fatimiden

1187–1252 n. Chr. Ayyubiden

1299–1922 n. Chr. Osmanen

Literatur

Abdel-Samad, Hamed: Mohamed. Eine Abrechnung. München 2015.

al-Azm, Sadiq Jalal: Time Out of Joint. Berlin 2004.

al-Azm, Sadiq Jalal: Self-Criticism after the Defeat. London 2011.

Asad, Muhammad: Die Botschaft des Koran. Ostfildern 2009.

Baghajati, Carla Amina: Muslimin sein. Innsbruck/Wien 2015.

Bauer, Thomas: Warum es kein islamisches Mittelalter gab. Das Erbe der Antike und der Orient. München 2020.

Becker, Carl Heinrich: »Zur Geschichte des islamischen Kultus«, in: Der Islam (1912).

Demir, Ramazan: Junge muslimische Häftlinge in österreichischen Justizanstalten und die Bedeutung der islamischen Gefängnisseelsorge (Masterarbeit). Universität Wien 2014.

Demir, Ramazan: Der Islam. Online 2024

Der Koran. Ditzingen 1960.

Fishbane, Michael A.: Judaism. Revelation and Religions. San Francisco 1987.

Henning, Max: Der Koran. Vollständige Ausgabe. 2010.

Liss, Hanna: Tanach. Lehrbuch der jüdischen Bibel. Heidelberg 2011.

Mittwoch, Eugen: Zur Entstehungsgeschichte des islamischen Gebets und Kultus. Berlin 1913.

Nachama, Andreas; Homolka, Walter; Bomhoff, Hartmut: Basiswissen Judentum. München 2015.

Neuwirth, Angelika: Der Koran. Die wichtigsten Botschaften. Hörbuch 2016.

Paret, Rudi: Der Koran. Stuttgart 2014.

Schluchter, Wolfgang: Max Webers Sicht des Islams. Frankfurt am Main 1987.

Schoeps, Julius; Schlör, J.: Bilder der Judenfeindschaft. Antisemitismus, Vorurteile und Mythen. Augsburg 1999.

Schreiber, Constantin: Inside Islam. Was in Deutschlands Moscheen gepredigt wird. Berlin 2016.

Spera, Danielle: Le Chaim! Mit Danielle Spera durch das jüdische Jahr. Wien 2022.

Taslaman, Caner; Taslaman, Feryal: Der Islam und die Frau. Istanbul 2020.

Tilly, Michael: Das Judentum. Wiesbaden 2015.

Wolffssohn, Michael: Wem gehört das Heilige Land? Die Wurzeln des Streits zwischen Juden und Arabern. München 2011.

Wolfssohn, Michael: Judentum, Christentum, Islam. Unterschiede und Gemeinsamkeiten ihrer heiligen Schrift. Hörbuch 2017.

Éric Vuillard

Die Tagesordnung

Aus dem Französischen von Nicola Denis
118 Seiten, gebunden mit Schutzumschlag
ISBN 978-3-95757-576-0

Krupp, Opel, BASF, Bayer, Siemens, Allianz – kaum ein Name von Rang und Würden fehlt am 20. Februar 1933 bei der glamourösen Vermählung von Geld und Politik. Auf Einladung des Reichstagspräsidenten Hermann Göring finden sich 24 hochrangige Vertreter der Industrie zu einem Treffen mit Adolf Hitler ein, um über mögliche Unterstützungen für die nationalsozialistische Politik zu beraten. So beginnt der Lauf einer Geschichte, die Vuillard fünf Jahre später in die Annexion Österreichs münden lässt. Bild- und wortgewaltig führt er den Leser in die Hinterzimmer der Macht, wo mit erschreckender Beiläufigkeit Geschichte geschrieben wird. Mit der ihm eigenen virtuosen Eindringlichkeit und satirischem Biss seziert Vuillard die Mechanismen des Aufstiegs der Nationalsozialisten und macht deutlich: Die Deals, die an den runden Tischen der Welt geschlossen werden, sind faul, unser Verständnis von Geschichte beruht auf Propagandabildern.

Ausgezeichnet mit dem Prix Goncourt

»Dieses Buch lässt man nicht mehr los« – Joseph Hanimann, *Süddeutsche Zeitung*

Matthes & Seitz Berlin

Éric Vuillard

Kongo

Aus dem Französischen von Nicola Denis
108 Seiten, Broschur
ISBN 978-3-95757-678-1

1884, nach der Berliner Kongokonferenz, begann eine Kolonialherrschaft von ungekannter Brutalität, die das Land bis in die Gegenwart hinein zeichnet. Éric Vuillard zeigt kleine Brüsseler Beamte, aufgeschwungen zu Dschungelherrschern, die zu Vollstreckern der europäischen Rohstoffgier werden, und er verleiht ihren zahl- und namenlosen Opfern eine Stimme. Kongo ist eine mitreißende Erzählung und ein erschreckend lebendiges Zeugnis banaler Grausamkeit und des beginnenden Weltkapitalismus.

Matthes & Seitz Berlin

Heschel, Susannah: Jüdischer Islam. Islam und jüdisch-deutsche Selbstbestimmung. Berlin 2018.

Homolka, Walter; Khorchide, Mouhanad: Umdenken! Wie Islam und Judentum unsere Gesellschaft besser machen. 2021.

Huff, Toby E.: Intellectual Curiosity and the Scientific Revolution. A Global Perspective. Cambridge 2010.

Huff, Toby E.: »What the West Doesn't Owe Islam«, in: Comparative Civilizations Review, Vol. 67 (2012).

Huff, Toby E.: The Rise of Early Modern Science. Islam, China and the West, 3rd ed. Cambridge 2017.

Fürlinger, Ernst; Kusur, Senad: Islam und religiöser Pluralismus. Grundlagen einer dialogischen muslimischen Religionstheologie (Beiträge zu einer Theologie der Religionen, Band 17). Zürich 2019.

Karimi, Milad; Uhde, Bernhard: Der Koran. Wien 2014.

Khoury, Adel Theodor: Der Koran. Ostfildern 2007.

Krämer, Gudrun: Geschichte des Islam. München 2005.

Lapidus, Ira M.: Islamic Societies to the Nineteenth Century. A Global History. Cambridge 2017.

Lewis, Bernard: Die Juden in der islamischen Welt. München 2004.

Lewis, Bernard: What Went Wrong? The Clash between Islam and Modernity in the Middle East. London 2002.